Polyglott-Reiseführer

Korsika

Natalie John

Polyglott-Verlag München

INHALT

Allgemeines

Editorial .... S. 7
Die Schönste im Mittelmeer .... S. 8
Geschichte im Überblick .... S. 16
Kultur gestern und heute .... S. 20
Aus Küche und Keller .... S. 24
Urlaub aktiv .... S. 26
Reisewege und Verkehrsmittel .... S. 30
Unterkunft .... S. 32
Praktische Hinweise von A–Z .... S. 92
Register .... S. 95
Bildnachweis .... S. 96

Städtebeschreibungen

Bastia – Das Aschenputtel unter den großen Inselstädten S. 34
Das Tor zu Korsika ist als Durchlaufstation viel zu schade, denn die zweitgrößte Stadt hat so manche Attraktion zu bieten.

Ajaccio – Napoleon-Kult und Kunstgenuß S. 38
Die quirlige Hafenstadt lockt mit einer Gemäldesammlung von europäischem Rang, dem schönsten Markt Korsikas und unzähligen Erinnerungen an ihren berühmtesten Sohn, Napoleon.

Bonifacio – Die Insel auf der Insel S. 44
Die Postkartenschönheit auf dem weißen Kreidefelsen ist die eigenwilligste Stadt Korsikas.

Calvi – Bilderbuchstadt am tiefblauen Golf von Calvi S. 48
Die Ferienhochburg schafft es, trotz des hochsommerlichen Massenansturms ihren Charme zu bewahren.

INHALT

Routenbeschreibungen

Route 1

Rundfahrt um den Finger Korsikas S. 52

Wachtürme und Weinberge: Der nördlichste Teil Korsikas, quasi eine Insel auf der Insel, wartet mit vielen Eigenheiten und Überraschungen auf.

Route 2

Im Reich der Kastanienbäume S. 56

Das Mittelgebirge der Castagniccia mit seinen riesigen Kastanienwäldern gehört zu den landschaftlich reizvollsten Gegenden Korsikas.

Route 3

Badespaß und Gaumenfreuden S. 60

Endlose, breite Sandstrände zeichnen die flach abfallende Ostküste von Bastia bis Solenzara aus – sie sind vor allem bei Familien sehr beliebt.

Route 4

Eine Reise in die Vergangenheit S. 64

Zwei Superlative, die wohl kaum ein Korsikabesucher ausläßt: Filitosa, die Hochburg der Megalithkultur, und Bonifacio, die korsischste Stadt Korsikas.

Route 5

Die Faszination des steinernen Märchenwaldes S. 70

Durch die wilde Felslandschaft der Calanche zum traumhaften Golfe de Porto, einem der Naturdenkmäler der Welt.

Route 6

Eine Bahnfahrt, die ist lustig ... S. 74

Die korsische Schmalspurbahn erklimmt auf ihrem Weg von Ajaccio bis Bastia durch das gebirgige Inselinnere steile Höhen und rattert durch schroffe Täler.

INHALT

Routenbeschreibungen

Route 7

**Tiefe Schluchten
und schwindelerregende Höhen**   S. 78

Faszination Geschichte: Durch das nördliche Inselinnere nach Corte, zur Königin der Berge, und zur ehemaligen Römermetropole Aléria.

Route 8

Im Garten Korsikas   S. 84

Landschaftliche Idylle und malerische Orte zwischen Olivenhainen, Weinbergen, Mandel- und Orangenbäumen kennzeichnen den Nordwesten der Insel.

Route 9

**Vom Strandtrubel
in die Einsamkeit der Wüste**   S. 88

Traumhafte Sandstrände, die wüstenähnliche Landschaft der Agriaten und eines der schönsten Bauwerke der Insel.

Fremde Kulturen kennenlernen und gastfreundlichen Menschen begegnen – wie sehr genießen wir das auf Reisen. Zu Hause bei uns jedoch wird mancher Ausländer von einer kleinen Minderheit beschimpft, bedroht und sogar mißhandelt. Alle, die in fremden Ländern Gastrecht genossen haben, tragen hier besondere Verantwortung. Deshalb: Lassen Sie es nicht zu, daß Ausländer diffamiert und angegriffen werden. Lassen Sie uns gemeinsam für die Würde des Menschen einstehen.

Verlagsleitung und Mitarbeiter des Polyglott-Verlages

Editorial

Die Tische der vielen kleinen Restaurants und Bistros an der Hafenmole von Bonifacio sind weiß gedeckt, die bunten Markisen ausgezogen. Es duftet nach gegrilltem Fisch, einladender könnte es nicht sein.

Der Golf von Porto

Ich sitze vor einem Glas Torraccia und einem Teller frischer Langusten. Eine leichte Meeresbrise kühlt mein sonnenglühendes Gesicht. Auf dem schmalen, smaragdgrünen Fjord vor mir schaukeln Luxusjachten neben kleinen Fischerbooten. In der Haute Ville über mir stehen die weißgekalkten Häuser so dicht am Rand der vom Meer umspülten, steil aufragenden Kreidefelsen, daß man fürchtet, sie könnten jeden Moment hinunterstürzen, und ich sinniere über eine Frage, die ich zu gerne dem berühmtesten Sohn der Insel gestellt hätte: „Warum, Napoleon, mußtest Du in die Ferne schweifen, wenn die Schönste lag so nah?"

Treffpunkt Straßencafé

„Kalliste" – die Schönste – nannten die Griechen das wilde Eiland im Mittelmeer. Wenn die Insel ins Blütenmeer des sonnengelben Ginsters, des violetten Lavendels, der weißen Baumheide und der rosafarbenen Zistrose getaucht ist, wenn die Sonne die Menschen ins Freie lockt, die Korbflechter vor ihren Häusern arbeiten, die alten Korsen sich zum Plausch, zum Boulespielen und Pastis-Trinken auf den Dorfplätzen versammeln, wenn das tiefblaue Meer mit schäumender Brandung gegen den traumhaften Golf von Porto schlägt, dann kann ich den Enthusiasmus der alten Griechen verstehen. Und wenn dann bei Sonnenuntergang die skurrile Felslandschaft der Calanche feuerrot zu glühen beginnt und sich die salzige Meeresluft mit dem Geruch der Macchia vermischt – dann würde *ich* kein Königreich der Welt gegen Kalliste eintauschen.

Die Autorin

Natalie John (geb. 1965) ist freie Autorin und Reisejournalistin. Sie lebte und arbeitete längere Zeit in den USA, in Italien und Frankreich. Ihre Begeisterung für Korsika zieht sie immer wieder auf die französische Mittelmeerinsel.

Die Schönste im Mittelmeer

Die Schöne, die Duftende, die Sonnige, die Stille, die Abwechslungsreiche – kaum eine andere Urlaubsinsel wird mit hymnischen Adjektiven so überhäuft wie Korsika. Das französische Eiland im Mittelmeer ist ein Miniaturkontinent, der endlose Strände, kristallklare Bergseen und dichte Wälder, mondäne Küstenorte und abgelegene Bergdörfer zu bieten hat. Auf der Fahrt durch die unterschiedlichen Regionen und Landstriche zeigt die Insel ihre vielen Gesichter. Langeweile kann hier nicht aufkommen: Wenn Sie vor Tatendrang bersten, können Sie am frühen Morgen einen Gipfel besteigen, sich anschließend ein gutes korsisches Mittagessen gönnen und nachmittags am Strand faulenzen und dabei das Meer genießen, das in allen Farbschattierungen – dunkelblau, violett, türkis – schimmert. In die Fluten kann man sich mit dem guten Gefühl stürzen, in einem der saubersten Gewässer Europas zu baden. Man muß sich Zeit nehmen für die rauhe korsische Landschaft, die wechselnden Stimmungen bei Sonne, Regen, Sturm und Nebel erleben. Dann wird man die Insel mit all ihren Farben und intensiven Düften lieben lernen. Korsikas Postkartenimage hat aber auch seine Kehrseite: Im Hochsommer kommen täglich Zehntausende Touristen auf die Insel, in den Küstenstädten und an den Stränden herrscht drangvolle Enge, selbst die entlegensten Bergdörfer dürfen sich über Besucher freuen und die scheinbar abgeschiedensten Bergidyllen werden zu Treffpunkten von Tagestouristen. Kaum zu glauben, aber wahr: Trotz allem Trubel können Sie selbst in der Hochsaison ein traumhaftes Plätzchen an einem kleinen verlassenen Strand finden.

Die Zahl der alljährlich wiederkehrenden Korsikafans zeigt, daß die mediterrane Schöne, nur zwei Flugstunden von den Metropolen Europas entfernt, süchtig macht. Es gibt wohl kaum einen Besucher, der der geheimnisvollen Anziehungskraft dieser Insel widerstehen kann. Die Sehnsucht nach Korsika wird bereits spürbar, wenn das Profil der Insel am Horizont verschwunden ist.

Lage und Landschaft

Majestätisch ragt die Insel aus dem Golf von Genua. Mit 8722 km² ist Korsika nach Sizilien, Sardinien und Zypern die viertgrößte Insel im Mittelmeer. Sie liegt 170 km vom französischen Festland, 83 km von der italieni-

Wenn die Insel brennt

Brütende Hitze, längere Trockenheit und Wind sind die größten Feinde der korsischen Wälder. Es genügt ein kleiner Funken, der Baumbestand steht sofort in Flammen und wird blitzschnell zur tödlichen Bedrohung für Vieh und Mensch. Gedankenlos weggeworfene Zigarettenkippen, spiegelnde Aludosen und Unachtsamkeiten bei Grillfeuern im Freien können Brände entfachen. Nicht selten verursacht aber nicht Leichtsinn einen Brand, der schnell außer Kontrolle gerät, sondern sind kriminelle Spekulanten am Werk, die aus finanziellem Interesse Brände legen: Auf diese Weise wird die Macchia gerodet, um neues Bauland zu schaffen. Wenn der Wald in Flammen steht, kommen die gelben Canadair-Löschflugzeuge zum Einsatz, die auf dem Flughafen von Ajaccio stationiert sind. Die fliegende Feuerwehr muß aus nur 30 m Höhe die mit Meerwasser gefüllten Tanks ihrer Flugzeuge ablassen – eine mitunter lebensgefährliche Aufgabe.

DIE SCHÖNSTE IM MITTELMEER

schen Halbinsel und 12 km von Sardinien entfernt.

Wie ein langgezogenes „S" durchzieht ein Hochgebirgskamm mit weit über 2000 m hohen Gipfeln die Insel. Er ist nicht nur Wasserscheide, sondern teilt Korsika auch in zwei verschiedene geologische Zonen. Der westliche, aus Granit und Porphyr bestehende Teil fällt steil zum Meer hin ab und bildet zerklüftete Küstenstreifen mit schwer zugänglichen Buchten. Die Berge des östlichen Teils aus kristallinem Schiefer gehen in Hügelland, dann in die ostkorsische Ebene und schließlich in flache und sandige Küstenstreifen über.

Mit 1000 Kilometern Küste beansprucht Korsika ein Fünftel der gesamten Küstenlänge Frankreichs für sich und bietet dem Urlauber sowohl kleine Strände mit Felskulissen als auch weite Sandbuchten.

Korsika ist eine grüne Insel. Die Flüsse der Westküste, die in den hohen Gebirgsregionen entspringen, sind reißend im Frühjahr und wasserarm im Sommer. Die wichtigsten sind Ficarella, Fango, Porto, Gravona, Taravo und Rizzanèse. Die Flüsse zur Ostküste wie Bevinco, Golo, Tavignano, Travo, Solenzara, Stabiacco sind breiter, ihre Strömung ist schwächer. Oft bilden sie an ihren Mündungen Seen und Lagunen. Zu den schönsten Gebirgsseen zählen der Lac de Melo, der Lac de Creno und der über 1700 m hoch gelegene Lac de Nino.

Klima und Reisezeit

Der Winter auf Korsika ist kurz und mild – wenn nicht gerade die eisige Tramuntana über die Insel fegt. Im Januar und Februar, wenn bis auf 300 m Höhe hinab Schnee fällt, können Wintersportler in der verschneiten Bergwelt Korsikas ihrem Hobby frönen.

Gute Reisezeiten für Naturliebhaber und Wanderer sind die Frühlingsmonate April und Mai, wenn die Insel von einem Teppich duftender Macchia über-

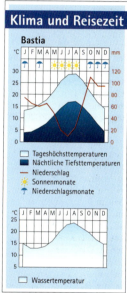

Winter am Col de Bavella

DIE SCHÖNSTE IM MITTELMEER

zogen wird, die Temperaturen noch nicht so hoch sind und man dennoch bereits im Meer baden kann. Ideal sind auch die Monate September und Oktober, wenn sich die Insel in herbstliche Farben hüllt und zu ausgedehnten Wanderungen durch die Kastanien- und Buchenwälder einlädt. Die Abende sind dann noch mild und das Meer warm – beträgt doch die durchschnittliche Wassertemperatur von Juni bis Oktober 20–23 °C.

Sonnenanbeter und Wassersportfans kommen insbesondere in den Sommermonaten Juli und August auf ihre Kosten. Dafür müssen sie allerdings Backofentemperaturen und Gedränge in den Küstenstädten und an den Stränden in Kauf nehmen.

Die Wahrscheinlichkeit, daß man verregnete Ferien verbringt, ist gering, denn durchschnittlich gibt es nur 50 Regentage im Jahr, hingegen im Schnitt 2731 Sonnenstunden. In den Bergen kann es zu unerwarteten Wetterumschwüngen kommen. Bei einem Ausflug ins Gebirge sollte man also unbedingt warme und wasserfeste Kleidung mitnehmen.

Telefonische Wetterauskunft auf Korsika: ☎ 04 36 68 08 20.

Man sagt, der Wind sei auf Korsika geboren – und in der Tat braust er aus allen Richtungen über die Insel hinweg. Vom Norden kommt die kalte *Tramuntana*, die als Schönwetterbote gilt. Von Nordosten weht der *Gregale* über die Insel, dem Norden bringt er Regen, dem Süden hingegen Trockenheit. Vom Westen kommt die schneidend scharfe *Ponente*. Der *Levante* weht aus dem Osten, ihm folgen meist Niederschläge. Der böige West- bis Südwestwind *Libecciu* ist berüchtigt für große Tem-

Zauberpflanze Myrte

Wenn kein Lüftchen weht und ein eigenartiges Flirren in der Luft liegt, wenn ein intensiver süßer Duft in die Nase steigt, dann liegt das daran, daß sich die Macchia vor der Gluthitze der Sonne mit einem Ausstoß von Duftessenzen schützt und somit ein Austrocknen verhindert. Die Myrte gehört zu den hitzebeständigsten Pflanzen der Macchia; wenn sie zu „schwitzen" beginnt, liegen die Temperaturen im Bereich des Unerträglichen. Und wenn man, so wie es vom römischen Dichter Ovid überliefert ist, hinter einem Myrtenstrauch eine nackte Venus dem Wasser entsteigen sieht, sollte man sich wohl wegen der Gefahr eines Sonnenbrandes in den Schatten flüchten.

Die Myrte (*Myrtus communis*) wächst gerne in Meeresnähe, im Inselinneren ist sie eher selten anzutreffen. Sie kann bis zu zwei Meter hoch werden. Ihre Blätter sind oval, die Oberfläche ist glänzend grün. Im Juni und Juli blühen die stark riechenden, weißen Blüten auf. Im Herbst pflückt man die reifen schwarzen Beeren für die Herstellung von Likören. Und wenn man zu Hause einen Myrtenlikör (*Murtellina*) als Erinnerung an den Urlaub auf Korsika zubereiten möchte, hier das Rezept für die Königin der Liköre:

1 kg blauschwarze Myrtenbeeren, 1 l Alkohol, 300 g Zucker, 300 g Wasser. Früchte und Alkohol gibt man in einen Glasbehälter und läßt die Mischung ca. 20 Tage ziehen. Dann wird gefiltert, allerdings ohne die Früchte auszudrücken. Man kocht Wasser und Zucker auf, bis ein Sirup entsteht und läßt diesen kalt werden. Anschließend mischt man Myrtenalkohol und Sirup und füllt zum Schluß alles in eine gut verschließbare Flasche. Man genießt den Myrtenlikör am besten eisgekühlt. Außer dem Gaumen freut sich auch der Magen, denn der Murtellina ist ein ausgezeichneter Verdauungslikör.

DIE SCHÖNSTE IM MITTELMEER

peraturschwankungen, außerdem gilt er ebenfalls als Regenbote. Der heiße und trockene Südwind *Scirocco* sorgt im Sommer für extreme Hitze. Weht im Sommer dagegen der *Maestrale*, wird die Hitze erträglicher. Angenehm empfindet man den *Ostro*, eine sanfte Südbrise.

Natur und Umwelt

Schweinealltag

Napoleon behauptete, daß er seine Heimatinsel selbst mit geschlossenen Augen an ihrem Duft erkennen würde. In der Tat verströmt die Macchia im Frühjahr einen betörenden Geruch, den man bei günstiger Windrichtung wahrnimmt, sobald man in Reichweite der Insel ist. Das undurchdringliche Gestrüpp der immergrünen Macchia aus würzig riechenden Pflanzen und Kräutern wie Myrte, Ginster, Zistrose, Rosmarin, Wacholder und Lavendel, bedeckt mehr als die Hälfte der Insel.

Macchiablüte im Mai

Korsika wird in drei Vegetationszonen unterteilt. In der mediterranen Zone bis etwa 400 m gedeihen Feigenkakteen, Agaven, Aloen, Mandel-, Oliven und Eukalyptusbäume, Weintrauben und Zitrusfrüchte. In Höhen zwischen 400 und 1000 Metern herrschen Kastanien- und Eichenwälder – in der Gegend um Porto-Vecchio Korkeichen – vor. In den darauffolgenden Lagen bis 1800 m findet man riesige Wälder mit Buchen, Erlen, Birken und der korsischen Schwarz- oder Lariciokiefer.

Olivenbäume sind weit verbreitet

Die Tierwelt der Insel ist weniger vielfältig als die Pflanzenwelt. In der Macchia leben Eidechsen, Feuersalamander, Schildkröten, Feldhasen, Wildkaninchen, Rebhühner und Wildschweine. Giftschlangen gibt es auf Korsika nicht. Schweine, Schafe, Ziegen und Rinder

Orangenplantage

Polyglott **11**

DIE SCHÖNSTE IM MITTELMEER

dagegen begegnen einem nahezu überall. Bussarde, Sperber, Adler und Kleiber kann man des öfteren sehen. Bartgeier, Steinadler, Fischfalken und Fischadler sind hingegen durch Jagd und Wilderei erschreckend rar geworden. Zum Schutz gefährdeter Tiere hat man Naturreservate ausgewiesen, so für die korsischen Zwerghirsche und die Mufflonschafe, die nur noch auf Sardinien und Korsika freilebend existieren.

Um Flora und Fauna der Insel zu schützen, die lokale Landwirtschaft zu verbessern und nicht zuletzt auch, um einsame Bergdörfer durch Tourismus am Leben zu erhalten, wurde 1969 der 20 000 ha große Nationalpark *Parc Naturel Régional de la Corse* eröffnet, der sich von der Halbinsel La Scandola im Nordwesten bis Porto-Vecchio im Südosten entlang der Hauptgebirgskette erstreckt und ein Drittel der Gesamtfläche Korsikas einnimmt (s. S. 28). Der Nationalpark umfaßt die eindrucksvollsten Wälder – Aitone, Valdo, Vizzavona, Bonifato – und einige der schönsten landschaftlichen Sehenswürdigkeiten der Insel – Valle della Restonica und della Spelunca, Calanchi di Piana. Im 1975 eingerichteten **Naturschutzgebiet La Scandola*, einer Halbinsel vulkanischen Ursprungs, werden auf 990 ha Flora und Fauna an Land und auf 1000 ha das Leben unter Wasser geschützt.

Bevölkerung

Fast 50% der 250 000 Einwohner Korsikas leben in den großen Küstenstädten Ajaccio (55 200 Einw.) und Bastia (45 100 Einw.), die einzige größere Stadt im Inselinneren ist Corte (5400 Einw.), die einstige Hauptstadt. Im Vergleich zu Frankreich mit 104 Einwohner/km² kommen auf Korsika auf jeden Quadratkilometer nur 25 Einwohner – es ist die am dünnsten besiedelte der großen Mittelmeerinseln.

Neben den korsischen Einwohnern leben auf der Insel auch die Nachfahren griechischer Flüchtlinge, die sich nach der Besetzung ihrer Heimat durch die Türken 1676 vor allem um Cargèse niedergelassen hatten, und die Algerienfranzosen, die nach der Unabhängigkeit Algeriens zwischen 1962 und 1966 auf Korsika angesiedelt wurden. Seit einigen Jahren kommen auch Italiener als Saisonarbeiter nach Korsika.

Bis vor wenigen Jahren war die Landflucht eines der größten Probleme der französischen Mittelmeerinsel. Durch Abwanderung wurden ganze Gebiete entvölkert. Zurück blieben nur noch die Alten. Seit der zweiten Hälfte des 18. Jhs. gab es immer wieder alarmierende Auswanderungswellen. Da die Landwirtschaft zusehends unrentabel geworden war, andere Arbeitsmöglichkeiten nicht vorhanden und zudem die Ausbildungsmöglichkeiten für die Kinder extrem begrenzt waren, sahen viele Einheimische im arbeitsfähigen Alter keine andere Möglichkeit, als Korsika zu verlassen. Die meisten gingen aufs französische Festland – Marseille etwa

---

Steckbrief

Lage: 170 km vom französischen Festland und 83 km von der italienischen Küste im Mittelmeer.

Fläche: 8722 km², Gesamtlänge 183 km, maximale Breite 83 km.

Küstenlänge: Ca. 1000 km.

Höchster Punkt: Monte Cinto (2706 m).

Einwohner: 250 000, fast die Hälfte davon lebt in den Ballungszentren Ajaccio und Bastia.

Bevölkerungsdichte: 25 Einw./km² (Vergleich Deutschland: 228 Einw./km²).

Hauptstadt: Ajaccio (55 200 Einw.) im Département Corse-du-Sud.

DIE SCHÖNSTE IM MITTELMEER

gilt mit 15 000 Korsen als heimliche Hauptstadt Korsikas – und verbrachten lediglich ihren Jahresurlaub in ihrer Heimat. Erst nach der Pensionierung kehrten sie wieder auf ihre Insel zurück. Dank verbesserter Ausbildungsmöglichkeiten – in Corte gibt es seit 1980 eine Universität –, staatlicher Finanzhilfen und der positiven Entwicklung des Tourismus ist die Auswanderungswelle mittlerweile etwas abgeebbt.

Sprache

Die korsische Sprache entstand aus Latein, Italienisch und Französisch. Die sechs Jahrhunderte während Präsenz der Römer hat ebenso wie die Herrschaft der Pisaner und Genuesen Spuren hinterlassen. Bis 1769 war Italienisch Amtssprache, bis 1870 die Kultursprache. Noch heute findet man viele typisch italienische Spracheinfärbungen auf der französischen Insel. So enthält der Dialekt im Norden Elemente des Toskanischen, im Süden erinnert er an das Gallurese, den Dialekt Nordsardiniens. Bis vor einigen Jahren hatte Französisch, die Amtssprache auf Korsika, die korsische Sprache weitgehend verdrängt. Inzwischen wird sie als Zeichen nationaler Eigenständigkeit bewußt wiederbelebt: Seit ihrer Anerkennung als langue régionale im Jahre 1974 wird Korsisch in der Schule wieder als Wahlfach angeboten. Selbst in den Tageszeitungen findet man Artikel in Korsisch. Die vielen Inseldialekte versucht man nun in einem „Hochkorsisch" unter einen Hut zu bringen. „Vulemu nomi corsi per i nostri paesi" („Wir wollen korsische Namen für unser Land"). Die geforderte Umbenennung der Orte haben die Korsen unterdessen selbst in die Hand genommen. Man findet kaum ein Straßenschild, das nicht mit dem korsischen Ortsnamen überpinselt ist.

Fast alle Korsen sind katholisch

Die Fischerei hat keine große Bedeutung mehr

DIE SCHÖNSTE IM MITTELMEER

Rosenkranz und Geisterbeschwichtigung

Messe und Beichte gehören zum täglichen Leben der überwiegend katholischen Korsen. Insbesondere sonntags werden in den meisten Städten festliche Gottesdienste zelebriert. Katholische Feiertage begeht man mit großem Aufwand, vor allem in der Karwoche. Über die Grenzen Korsikas hinaus berühmt ist die Karfreitagsbußzeremonie in Sartène, bei der ein Büßer in roter Mönchskutte und mit einer Eisenkette am Fuß ein schweres Kreuz durch die Straßen des Städtchens trägt. Anfang September steht die ganze Insel im Zeichen der Jungfrau Maria. Die Schutzheilige der Insel wird mit feierlichen Messen, Umzügen und Prozessionen geehrt.

Gleichzeitig lassen sich in vielen Bräuchen heidnische Elemente entdecken. So kann man noch mancherorts über den Haustüren alter Bauernhäuser einen Tierschädel sehen, der bösen Geistern den Zutritt verwehren soll. Um sein Haus vor Brand zu schützen, kauft man vorsichtshalber Himmelfahrtskraut, und zur Abwehr von Unheil formt man noch immer mit zwei ausgestreckten Fingern, dem Zeigefinger und kleinen Finger, ein Horn. Für alle Fälle, vielleicht hilft es ja.

Wirtschaft

Finanziell hängt Korsika am Tropf von Frankreich: Mehr als sieben Milliarden Francs – Subventionen, Fördergelder, Steuervergünstigungen – fließen pro Jahr von Paris nach Korsika, Frankreichs ärmste Region. Die Lebenshaltungskosten der Korsen sind einiges höher als die der Festlandfranzosen, der Lebensstandard auf der Insel der Schönheit ist niedrig, 14 % der Korsen sind arbeitslos. Industrie gibt es auf Korsika nur in äußerst geringem Umfang in den Ballungszentren Ajaccio und Bastia. Die beiden stärksten Pfeiler der korsischen Wirtschaft sind die Landwirtschaft und der Tourismus. Rund ein Drittel der arbeitenden Bevölkerung ist in der Landwirtschaft beschäftigt. Wein, Obst, Zitrusfrüchte, Kork und Honig gehören zu den wichtigsten landwirtschaftlichen Erzeugnissen. Die Viehzucht konzentriert sich auf Schafe, Ziegen, Rinder und Schweine.

Vendetta – das Gesetz der Blutrache

Ein Vater will Rache für den ermordeten Sohn, eine Frau will nicht eher ruhen, bis das Verbrechen an ihrem Mann gesühnt ist: Gewalttätige Rache auf Korsika hat einen Namen – Vendetta –, und sie hat Tradition. Schon früh nahmen die Korsen die Wiederherstellung von Ehre und Gerechtigkeit selbst in die Hand. Im ständigen Kampf gegen Eroberer und fremde Machthaber konnte sich auf Korsika keine Gerichtsbarkeit entwickeln, so daß es Pflicht eines Familienoberhauptes wurde, die Seinen zu verteidigen und zu schützen. Kämpfe um die Ehre der Familie dauerten oft Generationen. Ihren Höhepunkt erlebte die Vendetta zu Beginn des 19. Jhs., als über tausend Menschen der Blutrache zum Opfer fielen. Ganze Familien wurden dabei ausgelöscht. In vielen Dörfern verließ während der Nacht lange Zeit niemand das Haus. Die Polizei war machtlos, die Bevölkerung hüllte sich in Schweigen. Auch heute gehört die Blutrache längst noch nicht der Vergangenheit an, zu tief ist sie in der korsischen Gesellschaft verwurzelt. Der erbitterte Kampf der militanten Nationalistengruppen untereinander forderte in den letzten Jahren viele Opfer, es bleibt immer jemand zurück, der sich rächen will. Und so existiert der Teufelskreis der Blutrache weiter.

DIE SCHÖNSTE IM MITTELMEER

Der französische Staat subventioniert auch Korsikas Haupteinnahmequelle, den Tourismus. Hierbei wurde bewußt auf eine sanfte Erschließung der Insel ohne Bettenburgen und anonyme Feriensiedlungen Wert gelegt. Die positive Entwicklung dieses Wirtschaftssektors läßt auf neue Arbeitsplätze im Dienstleistungsbereich und einen immer größer werdenden Absatzmarkt für korsische Agrar- und Kunsthandwerksprodukte hoffen.

Staat und Politik

Beschmierte Ortsschilder und Felsen mit Parolen wie „A terra corsa a i corsi" („Die korsische Erde den Korsen"), die man überall auf Korsika sieht, konfrontieren die Korsikabesucher mit dem Unmut korsischer Autonomisten darüber, daß die politische Entscheidungsgewalt in Paris liegt. Seit den 60er Jahren wird auf Korsika der französische Zentralismus bekämpft.

Osterprozession in Calenzana

1982 billigte die französische Regierung in Paris ein korsisches Regionalparlament. Seitdem verfügt die Région Corse zwar über ein eigenes Statut und ein Inselparlament in Ajaccio, dessen Kompetenzen erweitert wurden. Nach Meinung korsischer Autonomisten räumt Paris dem Inselparlament jedoch noch immer zuwenig Rechte ein. So geht der Kampf um Unabhängigkeit weiter: auf politischer Ebene – bei den Regionalwahlen 1992 erreichten die Nationalisten ein Viertel der Stimmen –, aber auch mit roher Gewalt. Allein 1995 gab es mehr als 600 Attentate und 32 politische Morde auf der französischen Mittelmeerinsel, 1996 wurden auch auf dem Festland Anschläge verübt.

Wein gehört zu den wichtigsten Produkten der Landwirtschaft

Seit 1975 ist Korsika administrativ in zwei Départements aufgeteilt: *Haute-Corse* mit der Präfektur Bastia und *Corse-du-Sud*, Präfektur Ajaccio.

Zeichen der Untergrundorganisation FLNC

Geschichte im Überblick

ca. 6500 v. Chr. Das Skelett der „Dame von Bonifacio" gilt als ältester Beweis menschlicher Existenz auf Korsika.

ca. 4000 v. Chr. Menhire (Steinpfeiler) und Dolmen (Steingräber) sind die ältesten Zeugnisse prähistorischer Kunst auf Korsika.

ca. 1500 v. Chr. Torreaner errichten erste „Torre", turmartige Rundbauten, ähnlich den Nuraghen auf Sardinien.

ca. 1000 v. Chr. Die Torreaner verlassen Korsika Richtung Sardinien.

565 v. Chr. Kleinasiatische Griechen gründen Siedlungen an der Ostküste, ihnen folgen Karthager und Etrusker.

259 v. Chr. Erste römische Eroberungszüge. Es dauert fast 100 Jahre, bis die römische Herrschaft gefestigt ist.

5. Jh. Nach dem Untergang des Weströmischen Reiches verwüsten die Vandalen, dann die Ostgoten die Insel.

725 Langobarden besetzen Korsika.

758 Der fränkische König Pippin der Kurze vertreibt die Langobarden und schenkt die Insel dem Papst.

8.–11. Jh. Die Sarazenen – gefürchtete nordafrikanische Piraten – überfallen immer wieder Korsika und errichten Stützpunkte.

829 Der toskanische Graf Bonifacio gründet die gleichnamige Stadt.

1077 Das Bistum Pisa wird vom Papst zur Verwaltung der Insel eingesetzt. Die Wirtschaft Korsikas floriert, die Kunst erlebt eine Blütezeit.

1133 Papst Innozenz II. unterstellt Genua die Diözesen Mariana, Nebbio und Accia. Ajaccio, Aléria und Sagone unterstehen weiterhin Pisa.

1268 Die Genuesen gründen Calvi.

1284 Die Pisaner verlieren die Seeschlacht von Meloria. Beginn der Herrschaft der Genuesen bis 1768.

1297 Der Papst, Lehensherr der Insel, überträgt dem König von Aragón die Schutzherrschaft.

1348 Ein Drittel der Bevölkerung stirbt an der Pest.

1380 Die Genuesen gründen Bastia.

1553 Die erste französische Besatzung: Sampiero Corso erobert die Insel mit Hilfe der Truppen Heinrichs II.

1559 Spanisch-französischer Friedensvertrag; die Insel kommt wieder zu Genua.

1729 Revolte gegen Genua.

1735 Korsische Consulta erklärt unabhängiges Königreich.

1736 Der westfälische Baron von Neuhoff vertreibt mit englischer Hilfe die Genuesen, wird als Theodor I. zum König gekrönt.

Die Korsen führen ihren Freiheitskampf unter Ghiacinto Paoli fort.

1739 Paoli muß ins Exil nach England flüchten.

1755 Der Sohn Paolis, Pasquale, wird zum Führer der Nation ernannt, die Genuesen aus dem Land vertrieben, einzig Bastia können sie noch halten.

1768 Genua tritt seine Rechte an Korsika an Frankreich ab.

1769 Niederlage der Korsen bei Ponte Nuovo, Paoli wird nach London verbannt. Am 15. 8. 1769 wird Napoleon Bonaparte in Ajaccio geboren.

1789 Korsika wird ein Teil des französischen Reiches, Paoli zurückberufen und zum Präsidenten gewählt.

1794–1796 Korsika wird englisch-korsisches Königreich unter der Herr-

GESCHICHTE IM ÜBERBLICK

schaft des englischen Vizekönigs Gilbert Elliot.

1796 Franzosen besetzen die Insel, die Engländer ziehen sich zurück, Paoli geht zurück nach London.

1811 Korsika wird zum französischen Département Corse zusammengefaßt. Ajaccio wird Hauptstadt, Französisch zur Amtssprache.

1914–1918 30 000 Korsen sterben im Ersten Weltkrieg für Frankreich, eine Auswanderungswelle beginnt.

1942 Deutsche und italienische Truppen besetzen die Insel; 1943 wird Korsika befreit.

1962–1966 Nordafrikanischen Franzosen *(pieds-noirs)* wird von der französischen Regierung auf Korsika Land zugeteilt und finanzielle Unterstützung gewährt. Tourismus und Weinanbau sind fest in den Händen der Algerienfranzosen, Konflikte mit den armen korsischen Bergbauern sind vorprogrammiert.

1975 Die Untergrundorganisation FLNC, Nationale Befreiungsfront Korsikas, formiert sich, es kommt bei Aléria zum ersten Kampf zwischen Polizei und Autonomisten. Korsika wird in zwei Départements eingeteilt.

1982 Nach mehreren Attentaten erhält Korsika einen Sonderstatut, erste Regionalwahlen.

1992 Das Statut wird von der französischen Nationalversammlung erweitert, erstmals wird die Existenz eines „korsischen Volkes als Teil des französischen Volkes" anerkannt. Bei den Regionalwahlen erreichen die Nationalisten ein Viertel der Stimmen. Der Freiheitskampf der Korsen geht allerdings weiter.

1996 Erneut Anschläge der Autonomisten, auch auf dem Festland.

Der korsische Freiheitskämpfer Pasquale Paoli (1725–1807)

Erinnerung an die schicksalhafte Schlacht bei Ponte Nuovo 1769

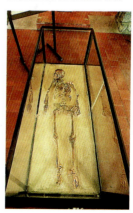

Die „Dame von Bonifacio", die älteste Bewohnerin Korsikas

GESCHICHTE IM ÜBERBLICK

Die Nationale Befreiungsfront Korsikas – mit aller Gewalt für Selbstbestimmung

Dominique Rutily, 35 Jahre, Typ Jean-Paul Belmondo mit dunkler Sonnenbrille, war der mächtige Präsident des Football-Clubs Calvi, Frankreichs drittbesten Clubs. Er war zudem Besitzer von Immobilien und Diskotheken. Ende März 1996 wurde er in Hyères erschossen, als sein Team zu einem Auswärtsspiel in Südfrankreich weilte: der zehnte Mord an einem Korsen in den ersten drei Monaten des Jahres 1996. Ein Mord, der noch viele andere nach sich ziehen wird. Ein Mord, welchem Hunderte von Bluttaten vorangegangen sind.

Es vergeht kaum ein Monat, in dem nicht eine Meldung zur „Serie von Anschlägen auf der französischen Mittelmeerinsel Korsika" über die Nachrichtenagenturen verbreitet wird. Inselkenner reagieren auf diese Schreckensmeldungen mit einer zynisch angehauchten Laisser-faire-Haltung, viele Touristen nehmen diese Schlagzeilen weniger gelassen zur Kenntnis und ändern ihre Urlaubspläne vorsichtshalber ab. Für Touristen besteht jedoch in der Regel kein Anlaß zur Beunruhigung, da die Angriffe vermummter und bewaffneter Kommandos Bodenspekulanten, Baufirmen und Spekulationsobjekten gelten.

Auf der französischen Mittelmeerinsel regiert ein explosiver Mix aus Politik und Gewalt. Die militanten Nationalisten Korsikas kämpfen für Sonderstatus und Autonomie ebenso wie für höhere Subventionen und Steuerbefreiung. Sie kämpfen dafür, daß die Einnahmen aus dem Tourismus Korsika zugute kommen und nicht den pieds-noirs oder Festlandfranzosen, die sich als finanzkräftige Investoren betätigt haben. Die erreichte Selbstverwaltung geht ihnen noch nicht weit genug. Für ihre Forderungen liefern sie Argumente oder versuchen, ihnen mit roher Gewalt Nachdruck zu verleihen. Sie kämpfen mit Schrotflinte, Nachtsichtgewehr, Klappmesser und Handfeuerwaffe. Es gibt mehrere Untergrundorganisationen, so Resistenza, FLNC-Canal Habituel (Front de Libération Nationale de la Corse) und die gewalttätigste, die FLNC-Canal Historique, deren Mitglieder sich auch untereinander bekämpfen. Die illegal agierenden National-Terroristen unterhalten trotz allem legale Parteibüros, rekrutieren Söldner aus der Schar junger, frustrierter Arbeitsloser.

In Paris sieht man die Forderungen der radikalen Separatisten anders: Am Samstag, dem 30. April 1996, veröffentlichte die französische Zeitung „Le Monde" auf der ersten Seite eine Karikatur zum Dauerthema Korsika. Chirac und Juppé mit erhobenen Händen, wie gelähmt, mit versteinertem Gesichtsausdruck, hinter den beiden Politikern ein maskierter und bewaffneter Kämpfer der FLNC, darüber eine Flagge „Zona Franca", durch die Luft wirbeln Geldscheine: Die Regierung Juppé ergibt sich der Gewalt, macht weitere Zugeständnisse an die Mittelmeerinsel, die bereits Steuervorteile bei Benzin, Tabakwaren, Transport und Immobilien genießt. Und noch während man in Ajaccio über geforderte Steuererleichterungen verhandelt, muß der Saal vorübergehend wegen einer Bombendrohung eines anonymen Anrufers geräumt werden.

Inzwischen zeichnen sich erste Erfolge des Unabhängigkeitskampfes ab: Im November 1996 wurde in Paris ein Gesetzentwurf der bürgerlich-konservativen Regierung verabschiedet, der für Korsika zusätzliche Finanzhilfen von 180 Millionen Mark pro Jahr vorsieht, zudem soll die Mittelmeerinsel zu einer Art Freihandelszone werden.

Der Mohrenkopf mit dem weißen Stirnband - Symbol für die Unabhängigkeit Korsikas

Kultur gestern und heute

Wer nach Korsika mit der Vorstellung reist, hier eine große Kulturlandschaft erleben zu können, wird enttäuscht sein. Die Bauwerke der Römer, Pisaner und Genuesen sind entweder zerstört oder im Vergleich mit den Vorbildern ziemlich unspektakulär. Eine eigenständige Kultur konnte sich auf der Mittelmeerinsel, die immer umkämpft, belagert und geplündert wurde, überhaupt nicht entwickeln.

Dolmen, Menhire und Torre

Korsika zählt zu den ältesten Siedlungsräumen im Mittelmeer. Von der Megalithkultur sind noch viele Monumente – *Dolmen*, Grabkammern aus senkrecht aufgestellten Steinen mit einer Deckplatte, und *Menhire*, Steinpfeiler, – erhalten. Der berühmteste und größte Dolmen steht in Fontanaccia, auf der Hochebene von Cauria. Insgesamt 15 Menhire sind zwischen Sartène und der Südwestküste zu sehen, in Rinaghju reihen sich um einen Brunnen 46 Menhire in zwei parallelen Reihen in einem Eichenwald. Das Zentrum dieser Megalithkultur befindet sich im Süden der Insel, in Filitosa, einer der archäologisch interessantesten Gegenden des gesamten Mittelmeerraumes (s. S. 64). Von den sogenannten Menhirstatuen, vermutlich Grabmonumente, hat man bisher insgesamt 40 entdeckt.

In der mittleren Bronzezeit, um 1600 v. Chr., landeten Torreaner auf der Insel. Ihr Name kommt von *torre*, der Bezeichnung für die 6–8 m hohen turmähnlichen Rundbauten, die sie aus zyklopischen Steinen auf Korsika errichteten. Im Aufbau erinnern die torreanischen Kultbauten, die vermutlich als Krematorien dienten, an einen Iglu. Der berühmteste, Cucuruzzu, steht auf dem Plateau von Levie nordöstlich von Sartène (s. S. 66).

Kirchen und Wehrbauten

Im 6. Jh. v. Chr. gründeten Griechen aus Phokäa, auf der Flucht vor persischen Truppen auf Korsika gelandet, an Korsikas Ostküste die Handelsniederlassung Alalia. Nach ihnen bemächtigten sich Etrusker, Syrakuser, Karthager und schließlich die Römer der Insel. Aléria gehörte ab 529 v. Chr. zum Römischen Reich, diente als strategischer Flottenstützpunkt und Handelsumschlagplatz. Von der Römerstadt mit Forum, Prätorium, Thermen, Tempel und Amphitheater ist leider nur wenig erhalten geblieben.

Nach dem Untergang des römischen Kaiserreiches konzentrierten sich die Korsen auf die Verteidigung gegen Vandalen, Goten, Byzantiner und die Sarazenen, die im 8. Jh. in Korsika einfielen und mehr als 200 Jahre Angst und Schrecken unter der korsischen Bevölkerung verbreiteten. Erst unter der Herrschaft der Pisaner vom 11. bis 13. Jh. erlebte die Insel eine Zeit des Friedens. Pisanische Baumeister und Künstler schufen Hunderte romanischer Landkirchen und Kathedralen, viele davon sind heute zerstört.

Auf Korsika zählen die erhaltenen romanisch-pisanischen Kirchen, die kleiner und einfacher sind als ihre italienischen Vorbilder, zu den schönsten Bauwerken. Als besonders gelungen gelten die dreischiffigen Basiliken Santa-Maria-Assunta (La Canonica, s. S. 56) nahe dem Flughafen Bastia-Poretta, der Prototyp romanisch-pisanischer Kirchen im 12. Jh. mit den typischen Streifen aus hellem und dunklem Marmor, und Santa-Maria-Assunta bei Saint-Florent (s. S. 90), mit Quadermauern aus Kalkstein. Die einzige gotische Kirche, Saint-Dominique, erbauten 1270 Tempelritter in Bonifacio.

KULTUR GESTERN UND HEUTE

Die Genuesen, die 1284 bis 1768 über die Insel herrschten, errichteten an der ganzen Küste Zitadellen, massive Festungen mit gewaltigen Wehrtürmen, Mauern und Zugbrücken, aus denen sich die Städte Ajaccio, Algajola, Bonifacio, Bastia, Calvi und Porto-Vecchio entwickelten. Von den 150 bis zu 17 m hohen Wachtürmen, die sie zum Schutz vor Piratenüberfällen im 16. und 17. Jh. entlang der Küste bauten, sind heute noch 65 erhalten. War ein feindliches Schiff in Sicht, wurden die Bewohner durch Rauchzeichen gewarnt.

Die ständig drohende Gefahr von Überfällen wirkte sich natürlich auch auf die Anlage korsischer Dörfer aus. Man baute sie wie Adlerhorste, sichere Nester im Gebirge.

Im 16. und 17. Jh. gründeten Franziskaner und Jesuiten Klöster, im 17. und 18. Jh. entstanden zahlreiche italienisch

Die typisch romanische Kirche San Michele bei Murato

Megalithkultur und Torreaner – Das Heer der steinernen Soldaten

Filitosa, ein befestigtes Dorf im Süden Korsikas, erzählt die Geschichte der ersten mysteriösen Bewohner dieser Region, festgehalten in Stein. Und alles kam eigentlich nur per Zufall zutage, als der französische Archäologe Charles-Antoine Cesari von den Mitte des 20. Jhs. halb freigelegten eigenartigen Steinen auf seinem Grundstück auf Korsika fasziniert war und Nachforschungen anstellte: In der Jungsteinzeit lebte im Süden der Insel ein Volk von Jägern, Fischern und Hirten.

Aus deren Totenkult entwickelte sich die Megalithkultur. Die Verstorbenen wurden nicht in Naturhöhlen bestattet, sondern in sog. Steinkistengräbern in der Erde. Diese bestanden aus vier Wandplatten und einer Deckplatte. Später errichtete man die Gräber erst teilweise, dann vollständig überirdisch. In der Nähe dieser *Dolmen* stellte man Steinpfeiler, die *Menhire*, auf.

Die Megalithkultur wird in drei Perioden eingeteilt: Ende 4. bis Mitte 3. Jh. v. Chr. wurden roh behauene Steine als Menhire verwendet. Im 3. bis Mitte 2. Jh. ließen die Menhire, bis zu drei Meter hoch, bereits menschliche Umrisse erkennen. Mitte des 2. Jhs. bis 1. Jh. v. Chr. wurden die Steinsäulen mit Reliefdarstellungen von Waffen versehen, die als Sinnbilder getöteter Feinde oder Denkmäler heldenhafter Ahnen gedeutet werden.

Die Torreaner, die ab 1600 v. Chr. vom Golf von Porto-Vecchio an die Südwestküste Korsikas vordrangen, waren den Megalithikern offensichtlich technisch überlegen. Sie zerstörten die Kultplätze der Megalithiker und benutzten Menhirstatuen als Baumaterial für ihre igluförmigen Rundbauten, die *Torre*. Das besterhaltene Monument der Torreaner befindet sich in der Nähe von Porto-Vecchio (s. S. 63).

geprägte Barockkirchen wie Sainte-Marie in Bastia als steinerne Zeugnisse gegenreformatorischer Gesinnung. Außen sind die Sakralbauten meist sehr schlicht gehalten, die Innenräume hingegen überraschend prunkvoll ausgestattet. Eine korsische Besonderheit sind dabei die freistehenden Glockentürme, die die Funktion von Wachtürmen hatten.

Traditionelle Häuser

Die typisch korsischen Häuser sind meist aus Granit, schmal, hoch und unverputzt. Die quaderförmigen Steine vermitteln einen schlichten und abweisenden Eindruck. Die Dächer, mit Granitplatten gedeckt, schimmern rötlich oder grünlich. Lagerräume und Ställe befinden sich im Erdgeschoß, darüber liegt der Wohnbereich, der meist über eine Außentreppe zu erreichen ist.

Malerei

Malerei wie Bildhauerei standen deutlich unter dem Einfluß italienischer Kunst. Fresken und Tafelbilder wurden häufig von italienischen Künstlern ausgeführt. Das Musée Fesch in Ajaccio mit Werken italienischer Maler vom

Veranstaltungskalender

Februar: Karnevalsumzüge in Corte.

März: *Fest zu Ehren der Notre-Dame de la Miséricordie*, Schutzpatronin von Ajaccio (18. März); *Prozession zu Ehren des hl. Joseph* in Bastia (19. März).

April: *Gründonnerstagsprozessionen* der „Canistrelli" in Calvi; *Büßerprozession* in Corte. *Karfreitagsprozessionen* in Ajaccio, Corte, „La Cerca" in Erbalunga; abendliche Prozession mit traditionellen Kantaten in Bonifacio, Büßerprozession in Calvi, nächtliche „Granitola"-Darstellung in Erbalunga und Prozession des „Catenacciu" in Sartène. *Osterzeremonien* der griechisch-orthodoxen Kirche in Cargèse an Karfreitag und Ostersonntag. *Musikfest* von Lozari.

Mai: *U Scontru di i Pastori* (Käsemarkt) in Renno; *Musik-* und *Theaterfestival* in Casa Milelli; *Foire du Vin* (regionaler Wettbewerb der korsischen Weinbauern) in Luri (1. Wochenende im Mai); *Messe* zum Todestag Napoleons in Ajaccio (5. Mai); *Wallfahrt* zur hl. Restituta in Calenzana (Sonntag nach dem 21. Mai).

Juni: Jazzfestival in Calvi; *Internationales Musiktreffen* Ajaccio auf der Place Austerlitz; *Saint-Erasme-Fest* (2. Juni) in Ajaccio und Propriano; Feste und Prozessionen zum *Johannistag* (24. Juni) auf der ganzen Insel; *Fest des Schutzheiligen Saint-Jean-Baptiste* in Bastia (24. Juni).

Juli: *Foire de l'Olivier* (Olivenfest) in Montemaggiore; *Nacht der Gitarre* in Patrimonio; *Festivoce* in Pigna; *Festival d'Eté* in Bastia; *Filmfestival* in Porto-Vecchio; *Folklorefestivals* in Ajaccio, Corte und Vezzani. *Nationalfeiertag* (14. Juli); *Volksfest* in Porto.

August: *Napoleon-Fest* (15. August) in Ajaccio; *Fest zu Ehren der Mutter Maria* auf der ganzen Insel; *Paghiella-Wettbewerb* im Valle d'Alesani.

September: Musikfest von Tavagna; *Festival klassischer Musik* in Bonifacio. *Wallfahrten* (8. Sept.) zur Notre-Dame-de-Lavasina bei Bastia, zur Notre-Dame de la Serra bei Calvi und zur Notre-Dame des Grâces in Lavasina; *Fest der Santa di Niolu* (8-10. Sept.) in Casamaccioli.

Oktober: Filmfestival der Mittelmeerkulturen in Bastia.

Dezember: Musikfest in Bastia.

KULTUR GESTERN UND HEUTE

14. bis 18. Jh., darunter Gemälden von Tizian, Veronese und Botticelli, ist nach dem Louvre in Paris die zweitwichtigste Sammlung italienischer Kunst in Frankreich.

Satiri, Lamenti und Paghiella – Polyphone Gesänge

Die prähistorische Fundstätte Torre bei Porto-Vecchio

Aus den mehrstimmigen Gesängen in drei Stimmhöhen, die von Generation zu Generation weitergegeben wurden, sprechen die Leiden und Kämpfe der Vergangenheit. Klagelieder, Chorgesänge, Sprech- und Wechselgesänge, einst vorgetragen beim Zug der Soldaten in den Krieg, beim Beklagen eines Toten, bei einer Fehde zwischen Familien, sind heute noch Bestandteil des kulturellen Erbes Korsikas: *Satiri* sind improvisierte Spottlieder, *lamenti* Klagelieder für einen Verstorbenen, *voceri* Rachelieder für Vendetta-Opfer. Die *paghiella* ist ein polyphoner Gesang, der von drei männlichen Stimmen während der Messe interpretiert wird. *Sermano* begleitet die traditionellen Feste, *chjama i rispondi* („Ruf und Antwort") sind Wechselgesänge, die als Ausdruck der Freude bei großen Essen oder Feierlichkeiten spontan improvisiert werden.

Die traditionellen Häuser sind aus Granitsteinen gebaut

Folkloregruppen wie „A Sarinata Ajaccina" in Ajaccio, „I Macchianghioli" in Bastia, „A Cantaria" in Calvi und „A Manella" in Corte tragen dazu bei, das korsische Liedgut lebendig zu halten. Live zu hören sind sie bei verschiedenen Musikfestivals auf der Insel, wie beispielsweise bei *Festivoce* im Juli/August in Pigna, beim *Rencontres Polyphoniques* in Calvi im September oder *Musicales de Bastia* im Oktober. Manche Gruppen treten auch auf dem Festland auf. Falls man keines der Konzerte miterleben kann, bleibt immer noch der Kauf einer CD.

Typisch für die korsische Musik sind die polyphonen Gesänge

Aus Küche und Keller

Frische Kräuter, würziger Käse, goldgelber Honig, grünlich schimmerndes Olivenöl, Geräuchertes – die verführerisch duftenden kulinarischen Köstlichkeiten, die auf den Märkten Korsikas zum Verkauf angeboten werden, lassen keinen Zweifel aufkommen: Korsika gehört zwar zu Frankreich, doch Nouvelle Cuisine und andere Feinschmeckerinnovationen sind so weit entfernt wie die Regierung in Paris.

Die korsische Küche besteht aus einheimischen Zutaten, ist deftig, reichhaltig und – naturbelassen. Die freilaufenden Schweine ernähren sich von Eicheln und Kastanien, ihr Fleisch wird über Kastanienholz geräuchert, mit Gewürzen der Macchia verfeinert. Die Rezepte zur Zubereitung von *lonzu* (in Pfeffer gerolltes Schweinefilet), *coppa* (geräucherter Schweinekamm), *prisuttu* (geräucherter Schinken) und *figatellu* (Leberwurst mit Kräutern) werden von Generation zu Generation weitergegeben. Kräftige Fleischgerichte, Wildbret, deftige Suppen, Aufläufe wie *stufatu*, ein Ragout aus Fleisch mit Zwiebeln, Nudeln und Käse, oder *piverunata a l'istrettu*, Jungziegenfleisch mit Peperoni, bestimmen die traditionelle Küche.

Bei soviel Meer muß der Fisch einfach eine Delikatesse sein. Und in der Tat spielen Meerestiere – im Zuge des Tourismus – mittlerweile eine Hauptrolle in der korsischen Küche: Zu den Königen der Meerestiere gehören Loup, Wolfsbarsch, Dorade, Goldbrasse, Rouget (Rotbarbe), Congre (Meeraal) und Denti (Zahnbarsch). Die Fische werden entweder gegrillt oder mit Tomaten, Zwiebeln und Kräutern im Ofen gegart. Zu den bevorzugten Schalentieren zählen *langoustes* (Langusten), *oursins* (Seeigel), und *pied de cheval*, eine seltene, aber äußerst wohlschmeckende Austernart, die bei Aléria gezüchtet wird. Unbedingt probieren sollte man *aziminu*, ein Tintenfischgericht und natürlich die *bouillabaisse*, eine Fischsuppe mit Knoblauch und Macchiagewürzen. Aus den Flüssen kommen schmackhafte Forellen.

In vielen Bergdörfern gibt es Lokale ohne Speisekarte, doch läßt man den Wirt seine hausgemachten Gerichte servieren, wird man es keinesfalls bereuen. Nicht nur, aber vor allem kommt man auch in den Genuß des *Brocciu*, eines Käses aus Ziegen- oder auch Schafmilch, der mit Kräutern gewürzt ist. Die Korsen essen diesen Käse übrigens bevorzugt zwischen März und Juni, wenn die Milch durch die frischen Frühjahrskräuter besonders intensiv schmeckt. Der Brocciu riecht je nach Alter manchmal etwas streng und ist nicht jedermanns Sache.

Süße Nachspeisen werden meist mit Kastanienmehl zubereitet. Zu den Spezialitäten zählen *fritelli*, in Olivenöl gebackene Kastanienmehlkrapfen, *fiadone*, eine Art Quarkkuchen aus Brocciu und *torta castagnina*, ein Kuchen mit Mandeln und Pinienkernen.

Getränke

Zum Essen kommen Wein und Wasser auf den Tisch. Will man kohlensäurehaltiges Mineralwasser, muß man *eau minérale gazeuse* bestellen. Wer vor dem Essen gerne einen Aperitif trinkt, der sollte *Pastizzata*, einen mit Wasser verdünnten und auf Eis servierten Anisschnaps oder den süßlichen *Cap Corse* probieren. Likörspezialitäten sind zudem *Cédratine*, ein süßer Likör aus Zedernsirup oder *Murtellina*, der Myrtenlikör mit dem Geschmack der korsischen Macchia (s. S. 10).

Vin de pays und *vin de table* sind Hausweine, die im Krug *(pichet)* serviert werden. Eine A.O.C. - Auszeichnung *(Appellation d'Origine Contrôlée)* ver-

AUS KÜCHE UND KELLER

weist auf staatliche Kontrolle und auf ein Erntelimit. Ein mit dem Etikett V. D. Q. S. *(Vin délimité de qualité supérieure)* versehener Wein garantiert eine besonders gute Qualität. Korsische Weine findet man übrigens selten außerhalb der Insel, weil die erzeugte Menge kaum den Bedarf von Einheimischen und Feriengästen deckt.

In jeder größeren Stadt gibt es unzählige Restaurants, Trattorien, Pizzerien, Creperien und Bars – ein Zugeständnis an den Tourismus. Die Restaurants sind gewöhnlich nicht gerade billig, bieten aber in der Regel ein Touristenmenü zu einem erschwinglichen Festpreis.

Gegessen wird mittags zwischen 12 und 14 Uhr, das Abendessen wird nicht vor 19.30 Uhr serviert.

Brocciu – korsischer Ziegenkäse

Die korsischen Weine – Gütesiegel Vin de Corse

„Un verre de vin corse e j'escalade le Stromboli" – „Für einen echten korsischen Wein erklimme ich den Stromboli". Dieses Zitat stammt von einem Toskaner, der für den korsischen Dessertwein *Muscat* viel gegeben hätte. Und mit dieser Einsatzbereitschaft steht er nicht allein, denn der Wein der Sonneninsel hat viele Liebhaber. Mildes Klima, fruchtbare Erde und durchschnittlich 2731 Sonnenstunden im Jahr – was braucht es mehr für einen guten Wein?

Es sind die typisch korsischen Rebsorten – die blauen Trauben Sciaccarello und Nielluccio und die weiße Traube Vermentino –, die Korsikas Qualitätsweine hervorbringen. Alljährlich werden A.O.C-Weine durch das Weininstitut INAO auf ihre Herkunft und Qualität überprüft. Acht Weinanbaugebiete für Rotwein, Weißwein und Rosé dürfen das begehrte Gütesiegel tragen: Ajaccio, Cap Corse, Calvi-Balagne, Côte Orientale, Figari, Patrimonio, Porto-Vecchio und Sartène. Die berühmtesten korsischen Rotweine stammen aus dem Weinanbaugebiet Patrimonio. Bekannt für ihr Aroma sind auch die Rotweine *Fiumicicoli* aus Sartène, der *Clos Capitoro* und der *Comte de Peraldi* aus dem Gebiet um Ajaccio, die hervorragend zu Fleisch- und Wildgerichten munden. Die besten Süßweine werden um Bastia, Calvi und Patrimonio angebaut.

Ein Verzeichnis der Weingüter mit Angaben zu Besichtigungen und Unterkunft (nur auf französisch) erhält man beim **Comité régional pour l'expansion et la promotion agricole de la Corse,** Immeuble le Ralley, 19, av. Noel Franchini, F-20000 Ajaccio, ☏ 04 95 29 42 63, ☏ 04 95 29 42 69. Den guten Tropfen probieren und kaufen man beispielsweise bei **Uva Corse**, Imbert Christian, Domaine de Torraccia, F-20137 Porto-Vecchio, ☏ 04 95 71 43 50, **Roger Le Stunff**, Domaine de Catarelli, F-20253 Patrimonio, ☏ 04 95 37 02 84, oder **Givic**, Chambre d'agriculture de la Haute-Corse, Maison verte, B. P. 222, F-20200 Bastia, ☏ 04 95 31 37 36.

Urlaub aktiv

Angeln

Besonders fischreich sind die Küstengewässer zwischen Ajaccio und Bonifacio und die Gestade der Balagne und des Cap Corse. Das Angeln im Meer ist erlaubt, zum Fischen in Bächen, Seen und Flüssen benötigt man eine Genehmigung. Information erteilen die lokalen Fremdenverkehrsbüros oder die **Fédération de Pêche et de Pisciculture,** 7, bd Paoli, F-20200 Bastia, ☎ 04 95 31 11 73.

Bergsteigen und Wandern

Das Inselinnere besteht aus einem Gebirgsmassiv mit über 70 Gipfeln, wie geschaffen für Bergsteiger und Wanderer. Man darf in der Bergwelt Korsikas allerdings nicht überall gekennzeichnete Wanderwege wie etwa in den Alpen erwarten, manche Pfade sind daher nicht immer leicht zu finden. Häufig dienen kleine Steinpyramiden als Wegweiser. Es empfiehlt sich auf jeden Fall, eine IGN-Karte im Maßstab 1:50 000 dabei zu haben. Wichtig ist es, daß man die eigene Kondition realistisch einschätzt, denn die zu überwindenden Höhenunterschiede und Entfernungen sind oft beachtlich. Wer lieber in der Gruppe wandert, hat auf Korsika selbstverständlich auch die Möglichkeit, an organisierten Berg- und Wandertouren verschiedener Schwierigkeitsgrade teilzunehmen. Nähere Informationen erteilen meist die Hotels oder Reiseagenturen, aber auch der **Club Montagne-Corse,** F-20122 Quenza, ☎ 04 95 78 64 05 und die Verwaltung des **Parc Naturel Régional de la Corse,** Rue Général-Fiorella, B.P. 417, F-20184 Ajaccio, ☎ 04 95 21 56 54.

Das Wetter in den Bergen ist unberechenbar: Bis Mitte Mai muß man noch mit plötzlichen Schneefällen rechnen, im Hochsommer kann es unangenehm heiß werden, ab Oktober überraschen plötzlich auftretende Regenfälle. In den Rucksack gehört deshalb Kleidung, die vor Regengüssen und Temperatureinbrüchen schützt. Für die mitunter steinigen Wege sind Schuhe mit profilierten Sohlen (Trekkingstiefel) Voraussetzung, lange Hosen bei einer Macchiadurchquerung wegen des dornigen Gestrüpps empfehlenswert, und im Sommer sind Sonnenhut und Sonnenschutzmittel mit hohem Lichtschutzfaktor unerläßlich.

Golf

Der einzige 18-Loch-Golfplatz liegt bei Bonifacio am Golfe de Spérone. Weitere Plätze (6 und 9 Loch) befinden sich in Lucciana bei Bastia, bei Porto-Vecchio und in Punta di Spano bei Lumio.

Mountainbike-Touren

Mit dem Rad durch Korsika zu kurven ist eine äußerst reizvolle Möglichkeit, die Insel kennenzulernen – zumal sie von unzähligen Maultierpfaden überzogen ist, auf denen es sich gut fahren läßt. Das Inselinnere und die Westküste verlangen dabei eine gute Kondition. Weniger anstrengend ist eine Tour am Cap Corse. Es empfiehlt sich, außer den entsprechenden IGN-Karten auch Flickzeug mitzunehmen. Einen Verleih für Mountainbikes *(vélo tout terrain)* gibt es in allen Touristenorten. Über den augenblicklichen Zustand der Pisten sollte man sich vor Ort informieren, über ausgeschilderte Strecken gibt **Vivre la Corse en vélo,** Res. Napoléon, 23, cours du Général-Leclerc, F-20176 Ajaccio, ☎ 04 95 22 70 79 oder 04 95 21 96 94, Auskunft.

Reiten

Auch hoch zu Roß kann man Korsika erkunden. Immerhin gibt es ca. 1000 km Reitwege. Zahlreiche Reitschulen und -klubs *(centre équestre),* so in Propria-

URLAUB AKTIV

no, Sartène, Cervione, La Porta und Levie bieten Reitunterricht sowie ein- und mehrtägige Touren mit einheimischen Begleitern an. Wer lieber alleine ausreitet, kann sich auch ein Pferd ausleihen. Näheres erfährt man bei der **Association Régionale pour le Tourisme Equestre,** F-20218 Ponte Leccia, ☎ 04 95 47 61 55.

Thermalbäder

Ausritte sind sehr beliebt

In einigen Orten auf der Insel gibt es Thermalquellen mit schwefelhaltigem Wasser. Kuren kann man z. B. in Barracci, Caldane, Pietrapola-les-Bains oder Guagno-les-Bains. Informationen erhält man bei den örtlichen Fremdenverkehrsämtern.

Wassersport

Die Strände und Steilküsten Korsikas sind ein Paradies für Wassersportler aller Art. Schwimmen, Surfen, Segeln, Wasserskifahren und natürlich das Erforschen der Unterwasserwelt gehören zu den beliebtesten Urlaubsaktivitäten.

Die langen, flachen Sandstrände entlang der Ostküste sind vor allem das Ziel für Familien mit kleinen Kindern. Die kleinen Badebuchten an der zerklüfteten Westküste erweisen sich dagegen manchmal als schwer zugänglich, und der Meeresboden fällt rasch steil ab.

Petri Heil!

Korsika ist der Mittelpunkt des *Jacht-* und *Segelverkehrs* im Mittelmeer. Segler finden hier alles, was ihr Herz begehrt. Informationen enthält die Broschüre „Corse Nautique", die bei allen Fremdenverkehrsämtern der Hafenorte erhältlich ist. In größeren Küstenstädten kann man vom Segelboot bis zur Jacht alles ausleihen, z. B. bei **Corsica Yacht Service,** 22,

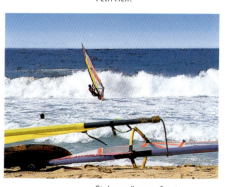

Stehvermögen gefragt

URLAUB AKTIV

rue Fesch, F-20000 Ajaccio, und **Calvi Bateaux,** quai Landry Yachting, 24, av. Général-de-Boissoudy, Porto-Vecchio. Weitere Adressen vermittelt die **Fédération Française de Voile,** Ligue Corse de Voile, Port de la Citadelle, F-20000 Ajaccio, ☎ 04 95 21 07 79.

Klares Wasser, felsige Küsten, eine Vielzahl an Wasserpflanzen, Korallen und Fischarten machen insbesondere Korsikas Westküste (bei Tizzano) und die Südspitze um Bonifacio zum Paradies für Unterwasserfreunde, sei es zum *Schnorcheln* oder zum *Tauchen.* Die Unterwasserjagd ist streng verboten.

Tauchschulen und Nachfüllstationen für Taucherflaschen gibt es mittlerweile in allen größeren Badeorten, so in Bastia, Calvi, Galeria, Propriano und Porto-Vecchio. Bei **AT Corse,** 17, bd du Roi-Jérôme, F-20176 Ajaccio Cedex, ☎ 04 95 21 56 56, bekommt man Infos und Adressen von Tauchzentren.

Traumhafte Schluchten und schwierige Kaskaden lassen routinierte *Kanu-, Kajak-* und *Raftingfreunde* voll auf ihre Kosten kommen. Die beste Zeit ist April und Mai, wenn die Schneeschmelze den Wasserstand ansteigen läßt. Für Wildwassertouren eignen sich

Wandern im Nationalpark

Den Parc Naturel Régional de la Corse, der einen großen Bereich des Inselinneren und die höchsten Gipfel der Insel umfaßt, erkundet man am besten zu Fuß. Mehrere gut angelegte Pfade erschließen ihn.

Ein besonderes Erlebnis für Wanderer ist der Wanderweg GR20, der größtenteils auf Höhenlagen über 2000 m führt. Der rot-weiß gekennzeichnete „Grande Randonnée 20" erhielt die Zahl nach der Postleitzahl Korsikas. Manche Bergfreunde kommen nur für diese Tour auf die Insel, daher sollte man sich nicht wundern, wenn man zahlreichen Wandergruppen begegnet.

Der teilweise recht anspruchsvolle Weg beginnt in Calenzana und endet am Golf von Porto-Vecchio. Die 170 km lange Strecke kann man in 16 Tagesetappen zurücklegen. Es werden zwar keine hohen Gipfel erklommen und auch keine Kletterpartien unternommen, doch ist eine gute Kondition unbedingt erforderlich. Bis Mai muß man in diesen Höhenlagen noch mit Schnee rechnen. Die ideale Zeit für diese Wanderung ist Juli bis September. Unterwegs übernachtet man in einfachen Hütten und Etappenlagern, eine Reservierung ist nicht möglich. Da die Hütten oft überfüllt sind, sollte man immer ein Zelt mitnehmen. Weiterhin ist zu bedenken, daß nur an zwei Stationen der Proviant aufgefüllt werden kann.

An der Westküste, von Calenzana nach Cargèse, verläuft der Wanderweg „Tra Mare e Monti" (zwischen Meer und Bergen), der anders als der GR20 das ganze Jahr über begehbar und weit weniger anstrengend ist. Den gut markierten Fernwanderweg kann man innerhalb von 10 Tagen bewältigen. Dieser Teil des Parks bietet seltenen Tierarten wie Mufflons, Adlern und Bartgeiern einen Lebensraum. Das Jagen und Fischen ist aber ebenso wie das Sammeln von Früchten und Pflanzen verboten.

Broschüren über die Wanderwege hält die Verwaltung des **Parc Naturel Régional de la Corse,** Rue Général-Fiorella, B. P. 417, F-20184 Ajaccio, ☎ 04 95 21 56 54, bereit.

Literaturempfehlung: Gert Hirner, Wanderungen auf Korsika mit den Fernwanderwegen GR 20 und Tra Mare e Monti, Bruckmann Verlag, München, 1995.

Karten: IGN-Karte „Corse Nord" und „Corse Sud", Edition Didier & Richard.

URLAUB AKTIV

besonders die Flüsse Asco, Golo, Tavignano im Osten und Gravona, Taravo und Rizzanèse im Westen. Die gesamte Ausrüstung muß mitgebracht werden. Für weitere Details wende man sich an das **Comité régional de Kayak,** Suralta Vecchia, F-20129 Bastelicaccia, ☏ 04 95 23 80 00.

Wintersport

Auch Wintersport ist auf Korsika möglich – allerdings lassen sich die Pisten und Loipen der korsischen Berge kaum mit denen in den Alpen vergleichen. Haut-Asco und Ghisoni, Vergio und Bastelica sind Zentren für Abfahrtsskiläufer. Skitourengeher können auf der „La Haute route à Ski" die Insel durchqueren. Langlaufloipen gibt es z. B. in Evisa, Village de Vacances Paesolu d'Aitone, Quenza oder Plateau du Coscione. Auskünfte erhält man beim **Comité régional Corse de Ski,** 34, bd Paoli, F-20200 Bastia, ☏ 04 95 32 01 94.

Korsikas Bergwelt ist faszinierend

Veranstaltungen

Zu den wichtigsten Sportveranstaltungen zählen:

Corsika Bike

Ein Treffen passionierter Biker, die auf diversen Strecken ihre Kräfte messen. 14. bis 17. Juni. Nähere Informationen unter ☏ 04 60 68 98 81.

Beach Volley

Volleyballspielen am Strand wird immer beliebter. Vom 3.–4. August findet in der Bucht von Ajaccio ein Turnier statt.

Challenge Rive Sud Rando

Ein Wettbewerb zu Fuß, zu Pferd und mit dem Fahrrad. Insgesamt sind an zwei Tagen 50 km zu bewältigen. 26.–27. Oktober. Auskunft unter ☏ 04 95 24 30 30.

Auf Skiern quer durch die Insel

Reisewege und Verkehrsmittel

Anreise

Mit dem Flugzeug

Lufthansa unterhält eine Linienverbindung zwischen Frankfurt/M. und Bastia. Verschiedene deutsche, österreichische und Schweizer Chartergesellschaften fliegen Ajaccio, Bastia, Calvi sowie Figari und Propriano an.

Die beiden Fluggesellschaften *Air Corse* und *Kyrnair* bieten innerkorsische Flugverbindungen zwischen Ajaccio, Bastia, Calvi, Figari und Propriano an. Bei *Air Service Méditerranée,* BP 30, F-20137 Porto-Vecchio, ☎ 04 95 70 03 40, kann man Rundflüge über Korsika buchen.

Mit der Fähre

Die staatliche französische Schiffahrtsgesellschaft *SNCM* unterhält ganzjährig Fährverbindungen von Marseille, Toulon, Nizza und Genua nach diversen korsischen Häfen. Die italienischen Schiffahrtsgesellschaften *Navarma, Corsica Maritima* und *Moby Lines* bieten die Fährverbindungen vom italienischen Festland nach Korsika an. *Corsica Ferries* fährt von Livorno nach Bastia, in der Hochsaison von Genua und La Spezia nach Bastia, Calvi und Ajaccio. Navarma und Moby Lines bedienen die Strecken Genua/Livorno/La Spezia–Bastia. Seit 1996 setzen Corsica Ferries (Corsica Express) und SNCM neue Schnellschiffe ein. Die Überfahrt von Nizza nach Bastia reduzierte sich beispielsweise von einer 12stündigen Nachtüberfahrt auf 3 $^1/_2$ Stunden.

Die Preise schwanken je nach Saison und Abfahrtstag. Üblich sind Kinderermäßigungen. Die Beförderungspreise für Fahrzeuge richten sich nach Größe und Länge. Bucht man Hin- und Rückfahrt bei der gleichen Schiffahrtsgesellschaft, wird eine Ermäßigung gewährt. In der Hochsaison (Juli, August) sind fast alle Fähren hoffnungslos ausgebucht. Es empfiehlt sich daher dringend, 2–3 Monate vorher durch ein Reisebüro im Heimatland eine Reservierung vornehmen zu lassen.

Reisen im Land

Mit dem Auto

Wer nicht mit dem eigenen Auto nach Korsika reist, kann sich bei internationalen und nationalen Autoverleihfirmen am Flughafen, in den Küstenstädten und jedem größeren Ort gegen Vorlage des nationalen Führerscheins einen Pkw ausleihen. In der Hochsaison (Juli, August) ist es ratsam, das Auto bereits vom Heimatland aus zu buchen. Ratsam ist der Abschluß einer Vollkaskoversicherung. Auch Wohnmobile und Caravans mit unterschiedlicher Ausstattung können auf Korsika angemietet werden, z. B. bei **Corsicar's,** 6, pl. de Gaulle, F-20000 Ajaccio, ☎ 04 95 21 87 12 oder **Routes Insolites,** Aéroport de Calvi, ☎ 04 95 65 31 87.

Die Nationalstraßen sind gut ausgebaut. Die übrigen Straßen sind ziemlich schmal und sehr kurvenreich, mit Straßenschäden und Schlaglöchern muß gerechnet werden. Die Höchstgeschwindigkeit in Ortschaften beträgt 50 km/h, auf Landstraßen 90 km/h, auf den Nationalstraßen 110 km/h. Es besteht Anschnallpflicht.

Vor unübersichtlichen Kurven ist Hupen Pflicht. Sie müssen sich darauf einstellen, daß hinter einer Kurve plötzlich eine Herde Tiere auftauchen kann. Erhöhte Vorsicht ist auch auf den Straßen im Inselinneren mit fehlenden Randbefestigungen geboten. Steine oder Felsbrocken, die auf die Straße gefallen sind, stellen mitunter ebenfalls eine Gefahrenquelle dar.

Vor allem bei Ausflügen ins Inselinnere sollte man darauf achten, mit vollem Tank loszufahren, denn Tankstellen

REISEWEGE UND VERKEHRSMITTEL

sind nicht überall zu finden, und bleifreies Benzin ist nicht immer erhältlich. Die Preise für Benzin und Diesel liegen deutlich über denen in Deutschland, Österreich oder der Schweiz. Hat man die verkehrstechnischen Probleme im Griff, bleibt noch das Chaos des korsischen Schilderwalds: Die Schreibweisen von Ortsnamen auf Karten und Straßenschildern weichen oft voneinander ab. Einige Orte sind zwar mit Schildern versehen, aber auf keiner Karte verzeichnet, viele Ortsschilder wurden übersprüht oder überpinselt, nur die größeren Orte sind auf französisch und korsisch ausgeschildert.

Die Fähre ist die wichtigste Verbindung zum Festland

Mit dem Bus

Wer die Insel selbst mit öffentlichen Bussen erkunden möchte, sollte viel Zeit mitbringen. Denn die kleinen, entlegenen Ortschaften werden allenfalls einmal täglich, meist jedoch nur 1–3mal die Woche angefahren. Auf den Hauptstrecken zwischen den Küstenstädten und größeren Orte gibt es 1–3mal pro Tag Busverbindungen. Fahrpläne der einzelnen Buslinien erhält man in den Fremdenverkehrsbüros.

Abwechslungsreich ist die Bahnfahrt von Bastia nach Ajaccio

Mit der Eisenbahn

Eine kleine Schmalspurbahn, *u trichinellu*, verbindet zweimal täglich die Küstenstädte Ajaccio und Bastia – eine 158 km lange, reizvolle Fahrt durch Schluchten und über zahlreiche Brücken. Ein Nebenlinie zweigt in Ponte Leccia ab und führt über L'Ile Rousse nach Calvi. Die *Tramway de la Balagne* befährt die Strecke Calvi–L'Ile Rousse. Diese Linie verläuft in Küstennähe und ist daher ein beliebtes Transportmittel zum Strand. Die Tarife sind günstig, Fahrräder dürfen in der Regel mitgenommen werden.

Mit dem Motorrad/Fahrrad

Zweiräder mit und ohne Motor kann man in allen größeren Küstenorten ausleihen, die Adressen der Verleiher erhält man bei den örtlichen Fremdenverkehrsbüros.

Kühner Straßenbau am Cap Corse

Unterkunft

Unterkünfte, welcher Art auch immer, sollten in der Hochsaison auf jeden Fall frühzeitig reserviert werden. Verzeichnisse mit Hotels, Ferienanlagen und Campingplätzen sind bei den Französischen Verkehrsämtern in Frankfurt/M., Wien und Zürich erhältlich (s. S. 92).

Hotels

Die meisten der über 400 *Hôtels de Tourisme* liegen an der Küste. Zwischen den Preisen in der Vor-, Nach- und Hauptsaison gibt es zum Teil erhebliche Unterschiede. Das Frühstück ist gewöhnlich nicht im Übernachtungspreis inbegriffen. Einzelzimmer sind nur selten billiger als Doppelzimmer. In der Regel sind die Zimmer mit einem französischen Bett ausgestattet. Über den zu erwartenden Komfort gibt die Anzahl der Sterne (1–4) auf dem achteckigen, blauen Schild am Hoteleingang Auskunft. In vielen Küstenorten werden auch Privatzimmer angeboten.

Bei **A.P.F.**, Délégation de Paris, 22 rue du Père-Guérin, F-75013 Paris, ☎ 01 40 78 69 56, erhält man ein Verzeichnis aller korsischen Hotels und Restaurants, die behindertengerecht ausgestattet sind.

Im Hotelverband *Logis de France* (Kennzeichen: gelber Kamin in grünem Wappenschild) haben sich kleinere, familiengeführte Hotels zusammengeschlossen, die in der Regel auf dem Land liegen und ihren Gästen Gerichte der regionalen Küche anbieten. Weitere Auskünfte erhält man bei **Chambre de Commerce e d'Industrie de la Haute-Corse**, B.P. 210, F-20293 Bastia, ☎ 04 95 54 44 45. Unter der Bezeichnung *casa toia* („Dein Haus") haben sich zwei Dutzend typisch korsische Hotels im Landesinneren zu einer Route des Auberges zusammengeschlossen. Die Casa-toia-Mitglieder haben es sich zum Ziel gesetzt, ihren Gästen die korsischen Traditionen und natürlich auch die Spezialitäten näherzubringen. Ansprechpartner von **Casa toia La Route des Auberges** ist Herr Albertini, F-20259 Poggiola, ☎ 04 95 61 90 48, 📠 04 95 61 92 99.

Feriendörfer

Auf der Insel gibt es ca. 50 *Feriendörfer*, acht davon sind FKK-Anhängern vorbehalten. Diese Bungalowdörfer mit modernem Komfort findet man vor allem an der Küste. Ein Verzeichnis der Feriendörfer bekommt man bei den Fremdenverkehrsämtern wie auch bei **Cecorel Promo Corsica**, Rés. La Grande Furche, Bât. B Toga, F-20200 Bastia, ☎ 04 95 32 37 93, 📠 04 95 31 49 14.

Unterkünfte auf dem Land

Urlaub auf dem Bauernhof zu machen, wird auch auf Korsika immer beliebter. Ferienhäuser auf dem Land – *Gîtes Ruraux* – kann man wochenweise mieten. In vielen Orten findet man aber auch sogenannte *Fermes-Auberges*, privat geführte, bäuerliche Gasthäuser, zum Teil mit Übernachtungsmöglichkeit. Die Wirte bieten in der Regel landestypische Mahlzeichen und Getränke an. Verzeichnisse erhalten Sie bei **Relais Régional des Gîtes Ruraux**, 6, av. Pasquale-Paoli, F-20000 Ajaccio, ☎ 04 95 20 51 54, 📠 04 95 20 28 96.

Campingplätze

Auf Korsika gibt es mittlerweile ca. 180 Campingplätze, die Platz für über 50 000 Camper bieten. Die Anzahl der Sterne (1–4) zeigt, welchen Ausstattungsgrad man zu erwarten hat. Die meisten haben nur während der Saison von Mai bis September geöffnet. Neben den großen, vorwiegend an der Küste gelegenen Plätzen gibt es auch *„aires naturelles de camping"*, die von der Forstverwaltung inmitten der Natur

UNTERKUNFT

angelegt wurden. Komfort darf man bei diesen Waldcampingplätzen natürlich nicht erwarten (einfachste sanitäre Einrichtungen). Im Parc Naturel Régional de la Corse ist Zelten und Campieren auf speziell ausgewiesenen Plätzen erlaubt. Ein Verzeichnis der Campingplätze gibt es kostenlos beim Französischen Verkehrsamt (s. S. 92). Wild Campen ist auf Korsika wegen der Brandgefahr generell untersagt, die Behörden achten genauestens auf die Einhaltung dieses Verbots.

Einladende Unterkunft in Cargèse

Berghütten

Wanderer können im korsischen Nationalpark in Refuges, das sind Selbstversorgerhütten mit Kochgelegenheiten, und Gîtes d'étapes (Etappenlager) übernachten. Nähere Angaben zu Lage und Ausstattung enthält der Wanderführer von Gert Hirner (s. S. 28) wie auch andere Wanderbücher.

Jugendherbergen

Wer vorhat, während seines Korsika-Aufenthaltes in Jugendherbergen zu übernachten, hat nicht die Qual der Wahl: Lediglich die Résidence Les Lauriers, F-20110 Propriano, ☎ 04 95 76 29 81, und das Hôtel de Jeunes BVJ Corsotel, F-20260 Calvi, ☎ 04 95 65 14 15, stehen Gästen mit einem Internationalen Jugendherbergsausweis offen. Günstig übernachten kann man aber auch in den *Cases Amiches*, die, oft an Wanderwegen im Landesinneren gelegen, eine Unterkunft in Mehrbettzimmern mit Kochgelegenheit anbieten. Sie sind als Gîtes d'étapes ausgeschildert (s. o.), eine Liste mit allen Adressen erhält man beim **Parc Naturel Régional de la Corse**, Rue Général-Fiorella, B. P. 417, F-20184 Ajaccio, ☎ 04 95 21 56 54.

Das altehrwürdige Hotel Les Roches Rouges in Piana

Berghütte am Wanderweg GR 20

Bastia

Das Aschenputtel unter den großen Inselstädten

Hellhäutige Nordländer, die in Cafés und am Hafenkiosk in die Sonne blinzeln, bis unter das Dach vollgepackte Autos, Blechschlangen – das ist der erste Eindruck, den Touristen bei der Ankunft von Bastia erhalten. Jährlich werden im Hafen Bastia rund eine Million Passagiere abgefertigt, in der Hauptsaison im Juli und August kommen an manchen Tagen über 20 000 Fahrzeuge an. Doch das „Tor zu Korsika" lediglich als Durchgangsstation zu benutzen ist eigentlich viel zu schade, denn die zweitgrößte Stadt Korsikas (45 100 Einw.) hat viele sehenswerte Seiten: Die verwinkelte Altstadt am Hang über dem Hafen, die Zitadelle auf dem Hügel über dem Park, und die alten Korsen, die auf der schönen Place St-Nicolas in aller Ruhe Boule spielen.

Geschichte

Vor rund zweitausend Jahren lag an der Stelle des heutigen Bastia die römische Siedlung Mantinum, der Fischerhafen Porto-Cardo befand sich an der Stelle des heutigen Vieux Port. Im späten 14. Jh. befestigte der genuesische Statthalter Leonello Lomellini den alten Hafen. Es wurde ein Wehrturm – bastiglia – errichtet, rundherum bildete sich eine Siedlung. Der obere Teil der Stadt erhielt den Namen „Terra Nova", den unteren Teil rund um den Porto-Cardo nannte man „Terra Vecchia".

Bastia entwickelte sich schnell zur bedeutendsten Stadt Korsikas, wurde Sitz des genuesischen Gouverneurs, später der französischen Département-Verwaltung. 1796 wurde Korsika in die Départements Golo und Liamone mit den Verwaltungszentren in Bastia und Ajaccio aufgeteilt. 1811 erhob Napoleon Ajaccio zur Inselhauptstadt, Bastia wurde dadurch politisch abgewertet. Im 19. Jh. erfolgte ein wirtschaftlicher Aufschwung, Bastia avancierte zum Handelszentrum und zum bis heute wichtigsten Hafen der Insel: Hier gehen 60 % der Touristen an Land, und hier werden pro Jahr zirka eine Million Tonnen Güter umgeschlagen. Während des Zweiten Weltkriegs erlitt die Neustadt durch Bombardierungen schwere Schäden. 1975 wurde Bastia Sitz der Präfektur des Département Haute-Corse.

Stadtrundgang

Beim café crème in einem Café an der platanengesäumten Place St-Nicolas können Sie sich wunderbar auf die Stadt einstimmen, die alten Korsen beim Boulespiel beobachten und dann gestärkt Bastia erkunden. Die Rue Napoléon – eine enge Einkaufsstraße mit einer Vielzahl von Geschäften und Boutiquen – führt an der **Eglise Saint-Roch** ❶ vorbei. Von außen wirkt das Kirchlein, 1604 nach der Pest errichtet, eher unscheinbar, im Innern ist es schön getäfelt, mit rotem Damast und vergoldeten Säulen geschmückt.

Gleich in der Nähe steht die ***Eglise de l'Immaculée Conception** ❷ aus dem 17. Jh. Sie ist innen derart prunkvoll mit Marmor und Gold ausgestattet, die Wände mit Damast und Samt bespannt, daß sie auf den ersten Blick an einen Theaterraum erinnert. Die Madonnenstatue, im 18. Jh. in Genua gefertigt, wird jeden 8. Dezember in einer feierlichen Prozession zur **Eglise St-Jean-Baptiste** ❸ getragen. Die 1640 erbaute Kirche ist das größte korsische Gotteshaus. Ihre beiden Glockentürme, die hoch über den Alten Hafen aufragen, gelten als das Wahrzeichen der Stadt. Hinter der klassizistischen Zweiturmfassade verbirgt sich ein üppig mit vergoldetem Stuck und farbenprächtigen Deckenfresken ausgestatteter, barocker Innenraum.

BASTIA

Der *Vieux Port ❹ ist das Herz Bastias. Hohe Häuser mit bröckelnden Fassaden umringen den Alten Hafen, Fischer flicken ihre Netze, Wäsche flattert im Wind. Am Platz vor dem alten Rathaus, auf der Place de l'Hôtel de Ville, ist Dienstag bis Sonntag von 7 bis 12 Uhr *Markt*. Zum Angebot gehören frisches Obst und Gemüse, Salami, Schinken und Käse.

Auf dem Felsen gegenüber stehen die Mauern der genuesischen Bastiglia, Bastias Namensgeberin und einst Zentrum der genuesischen Terra Nova. Dorthin führt die Treppe *Escalier Romieu*, vorbei am angenehm schattigen Jardin Romieu.

❶ Eglise Saint-Roch
❷ Eglise de l'Immaculée Conception
❸ Eglise St-Jean-Baptiste
❹ Vieux Port
❺ Citadelle
❻ Eglise Sainte-Marie
❼ Oratoire de la Sainte-Croix

Die *Citadelle ❺ wurde 1380 von den Genuesen auf dem Felsen errichtet. Im ehemaligen Gouverneurspalast in der Festung ist heute das *Musée d'Ethnographie Corse* untergebracht, das zu einem interessanten Ausflug in die bewegte Geschichte Korsikas einlädt. Zu sehen gibt es Ausstellungen zur Inselgeschichte und zum Alltagsleben der Korsen, alte Landkarten sowie eine geologische Sammlung. (☉ Sommer tgl. 9–12, 14–18 Uhr, Winter tgl. 9–12, 14–17.30 Uhr). Südlich der Citadelle hat man einen schönen Blick über das moderne Bastia mit Hochhäusern und Industrieanlagen.

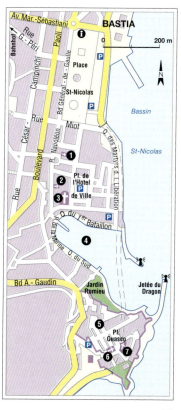

Die dreischiffige **Eglise Sainte-Marie** ❻ wurde Ende des 15. Jhs. im Auftrag von Bischof Mariana errichtet. Im 17. Jh wurde der Glockenturm angefügt und der Innenraum mit Fresken und Stuckarbeiten im Barockstil ausgeschmückt.

Rechts neben der Kirche steht das *Oratoire de la Sainte-Croix ❼. In der Heilig-Kreuz-Kapelle wird das Kreuz des „Christ des Miracles" aufbewahrt, ein angeblich wundertätiges Kruzifix aus Ebenholz, das – so erzählt es die Legende – 1428 brennend von Fischern aus dem Meer gezogen worden war. Alljährlich am 3. Mai wird das Kreuz in einer feierlichen Prozession durch die Gassen von Bastia getragen.

Polyglott 35

BASTIA

Praktische Hinweise

❶ Syndicat d'Initiative, 35 bd Paoli, F-20200 Bastia, ☎ 04 95 31 02 04; Office de Tourisme, Place St-Nicolas, F-20200 Bastia, ☎ 04 95 31 00 89.

✈ Bastia–Poretta. Innerkorsische Verbindungen nach Calvi, Ajaccio, Propriano und Figari.

🚆 Bastia–Calvi/Corte–Ajaccio.

🚌 Fernverbindungen nach Corte–Ajaccio, Saint-Florent–L'Ile Rousse–Calvi, Solenzara, Porto-Vecchio.

⛴ Nizza, Marseille, im Sommer Toulon; Livorno, Genua, La Spezia.

🏨 **Posta Vecchia,** 3, rue Posta-Vecchia, ☎ 04 95 32 32 38, 📠 04 95 32 14 05. Günstig gelegenes, kleines Hotel ohne großen Komfort, aber für die lebhafte Hafenstadt relativ ruhig gelegen. Einige Zimmer haben Meeresblick. Ⓢ
Les Oliviers, Route de la Canonica, F-20290 Luciana (N 193 Richtung Casamozza), ☎ 04 95 36 06 63. Einfaches, preiswertes Hotel in ländlichem Stil außerhalb von Bastia. Das Restaurant bietet korsische Küche. Ⓢ

🍴 **La Citadelle,** 5, rue du Dragon, ☎ 04 95 31 44 70. Ideenreiche Gerichte aus frischen Zutaten. Ⓢ
Lavazzi, 8, rue St-Jean, ☎ 04 95 31 05 73. Schönes Lokal nahe dem Vieux Port. Auf der Terrasse kann man mit Blick auf den Hafen ausgezeichnet Fisch essen. Ⓢ

Einkaufstips: Täglich außer Montag ist von 7–12 Uhr **Markt** auf der Place de l'Hôtel de Ville. Ausgezeichnetes Brot bekommt man in der **Patisserie du Vieux Port,** 2, rue St-Jean.

Am Abend: Bei einem kleinen Drink in einer der Bars an der Place St-Nicolas kann man genüßlich das rege Treiben beobachten. Wer nach einem langen Strandtag noch tanzen möchte, hat in Bastia die Wahl zwischen zwei „In-Diskotheken": **Discothèque St-Nicolas,** 13, bd Gén.-de-Gaulle, ☎ 04 95 31 15 94, und **Discothèque L'Apocalypse,** La Mariana, Etang de Biguglia, ☎ 04 95 33 36 83.

Ausflug

Zur Kirche ✶✶ San Michele im Nebbio

Zirka zwei Stunden nimmt die 50 km lange Hin- und Rückfahrt von Bastia zum Kirchlein ✶✶ *San Michele* bei Murato in Anspruch. Man folgt der N 193 aus Bastia Richtung Ajaccio. Die Fahrt führt durch Obstkulturen, an Eichenhainen vorbei durch das Nebbio, eine nach ihrem häufigen Morgennebel benannte, fruchtbare Beckenlandschaft südlich des Golfs von Saint-Florent. Über den Défilé de Lancone und den Col de San Stefano erreicht man das Schmuckstück des Nebbio, das von weitem sichtbare Kirchlein San Michele mit seinem viereckigen Glockenturm, das sich außerhalb des Ortes Murato befindet.

Die Fassade der romanisch-pisanischen Kirche könnte man stundenlang betrachten und würde doch immer wieder ein neues Detail entdecken. Von welcher Seite man sich auch der Kirche nähert, immer scheint sie zwischen Himmel und Erde zu schweben. Das wohl schönste Bauwerk der Insel wurde auf einer 470 m hohen Anhöhe, umrahmt von kleinen Steinmauern, errichtet. Der einschiffige Innenraum wurde im 12. Jh. mit Fresken ausgeschmückt, von denen man leider nur mehr verblichene Reste erkennen kann. Die Außenmauern des Kirchleins faszinieren durch das Wechselspiel horizontaler Streifen aus bläulich-grünem Serpentingestein und weißem Kalkstein. An manchen Stellen ist ein gelber Steinblock oder ein Relief eingefügt. Doch es ist vor allem der ungewöhnliche Skulpturenschmuck, der in Staunen versetzt: Eigenartige Tiermotive, angedeutete menschliche Gestalten, seltsame Fabelwesen. Warum und von wem die Kirche erbaut wurde, wird wahrscheinlich für immer ein Geheimnis bleiben.

Der Vieux Port mit der Eglise St-Jean-Baptiste

*Ajaccio

Napoleon-Kult und Kunstgenuß

Ajaccio ist untrennbar mit dem Namen Napoleon verbunden. Der berühmteste aller Korsen wurde hier am 15. August 1769 geboren, wenige Monate nach der Entscheidungsschlacht bei Ponte Nuovo, in deren Folge Korsika französisch wurde. In der bedeutendsten Stadt der Insel begegnet man dem späteren Kaiser von Frankreich auf Schritt und Tritt: Napoleon-Haus, Napoleon-Brunnen, Napoléon-Museum, Napoleon-Boulevard, Napoleon-Denkmal, Napoleon-Souvenirs...

Für Besucher, die nicht an Napoleon interessiert sind, hat die 55 200 Einwohner zählende Inselhauptstadt neben großzügigen Alleen und schönen Plätzen im Palais Fesch eine der größten Sammlungen italienischer Malerei Europas zu bieten. Die quirlige mediterrane Atmosphäre der Stadt erlebt man unmittelbar auf dem morgendlichen Marché auf dem Square César-Campinchi. Der farbenprächtige und duftende Markt ist der schönste ganz Korsikas und unbedingt einen Besuch wert.

Geschichte

Am Anfang war ein starker Held, so zumindest will es die „sagenhafte" Geschichte über die Entstehung Ajaccios, derzufolge Ajax, eine Figur der griechischen Mythologie, die Stadt gegründet hat. Weniger mythisch ist die Version, wonach Ajaccio als Adiacium (Ruheplatz) der Römer entstand. Die kleine Siedlung, ob Helden-Gründung oder Ruheplatz, wurde jedenfalls im 10. Jh. von den Sarazenen zerstört. 1492 ließen sich die Genuesen an der Stelle der heutigen Altstadt nieder und gründeten eine Niederlassung mit Siedlungsverbot für Korsen. In der genuesischen Dependance – in etwa die heutige Altstadt bis zur Place Maréchal-Foch – durften nur Ligurer wohnen. 1553 eroberten die Franzosen unterstützt von Sampiero Corso die Stadt und stellten sie unter französische Verwaltung. 1554 wurde unter dem französischen Marschall de Thermes der Grundstein zur Citadelle gelegt. 1559 kehrten die Genuesen zurück. 1715 wurde die Insel in zwei Regierungsbezirke aufgeteilt, für Ajaccio galt fortan das gleiche Recht wie für Bastia, gleichzeitig avancierte es zur Gouverneursresidenz. 1769 wurde Napoleon Bonaparte geboren. 1811 ernannte Napoleon Ajaccio zur Inselhauptstadt.

1975 erfolgte die Aufteilung Korsikas in zwei Départements, die Präfektur von „Corse-du-Sud" wurde in Ajaccio angesiedelt. Seit 1982 ist die Stadt Sitz der korsischen Regionalversammlung.

Stadtrundgang

Die von Palmen gesäumte **Place Maréchal-Foch** ❶ ist der Mittelpunkt der Altstadt. Hier beginnt man am besten den Stadtrundgang auf den Spuren Napoleons, der sogleich als Marmorfigur im Stil eines römischen Imperators vom Löwenbrunnen auf dem Platz grüßt. Es lohnt sich, den Blick auf die Fassadennische gegenüber zu richten, wo „A Maduniccia", die Statuette der Schutzheiligen von Ajaccio steht. Die Madonna soll einst die Pest abgewendet haben.

Im Hôtel de Ville ist das **Musée Napoléonien** ❷ untergebracht. Zu sehen gibt es den Taufschein und die Totenmaske des großen Korsen, Familienporträts und Möbel im Empire-Stil. Nicht nur für Münzsammler ist die Münz- und Medaillensammlung in der *Salle des Medailles* interessant, sie umfaßt Ausstellungsstücke von 1797 bis 1876 (☉ Sommer tgl. 9–12, 14.30 bis 17.30 Uhr, Winter nur nachmittags).

AJACCIO

Hinter dem Rathaus geht es vor allem in den Morgenstunden hoch her, denn dort befindet sich die einzige Fischhalle Korsikas.

Nach einem Bummel über den morgendlichen *Marché auf dem **Square César-Campinchi** ❸, wo man sich gegebenenfalls mit Zutaten für ein späteres Picknick am Strand eindeckt, kann man sich bei einer Tasse Café und einem kleinen Snack, vielleicht einem frischen Gebäck mit Brocciu (Ziegenkäse), eine kleine Verschnaufpause gönnen, bevor es über die Avenue du Premier-Consul zur **Place Général-de-Gaulle** ❹, weitergeht. Dort wartet wieder Napoleon, diesmal hoch zu Roß als Kaiser, im Gefolge seine vier Brüder zu

Am Hafen von Ajaccio

❶ Place Maréchal-Foch
❷ Musée Napoléonien
❸ Square César-Campinchi
❹ Place Général-de-Gaulle
❺ Cathédrale Notre-Dame-de-la-Miséricorde
❻ Maison Bonaparte
❼ Palais Fesch

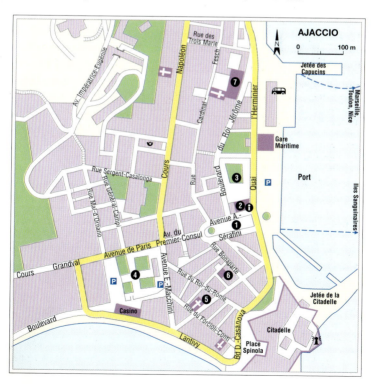

Polyglott

AJACCIO

Fuß. Der Park mit Blick auf das Meer bildet die Grenze zwischen der Altstadt und dem modernen Ajaccio. In der ab 1582 erbauten *Cathédrale Notre-Dame-de-la-Miséricorde ❺ an der Rue Forcioli-Conti wurde Napoleon 1771 über dem Marmorbecken getauft. Er wäre dort wohl auch bestattet worden, wenn es nicht sein ausdrücklicher Wunsch gewesen wäre, nur dann auf

Napoleon Bonaparte – vom Kaiser der Franzosen zum Souvenirartikel für Touristen

Hätte es ihn nicht wirklich gegeben, Korsika hätte ihn erfinden müssen: Napoleon Bonaparte, den größten aller Korsen, der als Kaiser der Franzosen für seine Heimat im Grunde recht wenig getan hat. Vielmehr unterdrückte er die Unabhängigkeitsbestrebungen seiner Landsleute gewaltsam. Dafür profitiert seine Heimat jetzt um so mehr von ihrem großen Sohn.

Napoleon wurde am 15. August 1769 als Sohn von Carlo Bonaparte und Letizia Ramolino, Tochter einer Patrizierfamilie, in Ajaccio geboren. Außer Napoleon gingen aus dieser Ehe sieben weitere Bonapartes hervor: Joseph (König von Sizilien, später König von Spanien), Lucien (Fürst von Canino), Maria Anna, später Elisa genannt (Fürstin von Lucca und Piombino), Louis (König von Holland), Pauline (Fürstin Borghese), Caroline (Gattin des Königs Murat von Neapel) und Jerome (König von Westfalen).

Im zarten Alter von neun Jahren begann Napoleon seine Karriere in der Militärschule von Brienne, mit 16 verließ er die Militärakademie in Paris als Artillerieleutnant. 1789 schloß er sich der Französischen Revolution an. Er kehrte zurück nach Ajaccio, wurde Oberstleutnant der korsischen Nationalgarde und befehligte 1792 eine militärische Expedition nach Sardinien, die allerdings ein Fehlschlag wurde.

Als Anhänger der zentralistischen Ideen der Revolution machte er sich viele Feinde auf seiner Heimatinsel, die er schließlich verließ. In Frankreich beeinflußte er als militärischer Ratgeber Robespierres die französische Politik. Nach dessen Sturz wurde er Oberbefehlshaber der Armee.

Unter seiner Führung siegten die französischen Truppen in Italien und Österreich, 1799 stürzte er die französische Direktorialregierung, durch Volksabstimmung wurde er 1800 Erster Konsul, 1804 krönte er sich zum Kaiser der Franzosen. 1805 und 1809 besetzte er Wien und Berlin, er verleibte Frankreich den Kirchenstaat ein, und nahm Pius VII. gefangen. Mit dem gescheiterten Rußlandfeldzug im Jahre 1812 begann der Anfang vom Ende seiner Bilderbuchkarriere: 1814 mußte er abdanken und wurde nach Elba verbannt. 1815 schaffte er ein kurzes Comeback, verlor aber am 18. Juni des gleichen Jahres die entscheidende Schlacht bei Waterloo. Wieder wurde er in die Verbannung geschickt, diesmal nach Sankt Helena, wo er am 5. Mai 1821 starb.

Ein kurzer Blick auf das nicht minder bewegte Privatleben des großen Korsen: 1796 heiratete er Josephine, die Witwe des in der Revolution hingerichteten de Beauharnais. 1809 verließ er sie wegen Kinderlosigkeit. Er ließ sich scheiden und heiratete Marie Louise, Tochter des Kaisers Franz von Österreich. Sie schenkte ihm einen Sohn, dem er den Titel König von Rom verlieh.

Mehr als 150 Jahre nach seinem Tod sorgt Korsika mit Gedenkstätten, Volksliedern, Napoleon-Straßen und -Plätzen, Geburtstagsfeiern, Gedenktagen und Unmengen von Souvenirs dafür, daß der Mythos Napoleon weiterlebt.

AJACCIO

Korsika begraben zu werden, wenn sich in Paris nichts Besseres finden würde. Und wie man weiß, hat sich in der französischen Hauptstadt eine Alternative gefunden. Der Hochaltar aus weißem Marmor ist ein Geschenk von Napoleons Schwester Maria Anna, genannt Elisa.

Höchste Zeit zu sehen, wo alles begann. Die **Maison Bonaparte** ❻, Napoleons Geburtshaus, in der Rue Saint-Charles ist ein ziemlich unscheinbares Häuschen aus dem 18. Jh. Die Mutter des späteren Franzosenkaisers, Letizia Bonaparte, hatte das Haus 1796 umbauen und neu einrichten lassen, Napoleon selbst hat das renovierte Haus nur ein einziges Mal, 1799 bei der Rückkehr von seinem Ägyptenfeldzug, wiedergesehen. Im ersten Stock kann man Salon, Empfangsraum und Schlafzimmer Napoléons – einen einfachen Raum mit korsischem Bett – besichtigen. Im zweiten Stock sind Dokumente zur Familiengeschichte, Gemälde und Waffen ausgestellt. (🕒 Sommer Mo 14–18 Uhr, Di–Sa 9–12, 14–18 Uhr, Winter Di–Sa 10–12, 14–17 Uhr). Die Büste gegenüber dem Eingang stellt den Sohn Napoleons dar.

Auf der Rue Bonaparte gelangt man zurück zur Place Maréchal-Foch. Die Rue Cardinal-Fesch, Ajaccios Einkaufsstraße, führt vorbei an Boutiquen und Restaurants zum klassizistischen **Palais Fesch** ❼ und damit zum **Musée Fesch, wo den Kunstfreund ein Museum ganz besonderer Art erwartet. Dank der Sammelleidenschaft von Kardinal Fesch, Erzbischof von Lyon und Stiefbruder von Letizia Bonaparte, kann sich Ajaccio rühmen, die bedeutendste Sammlung italienischer Kunst Frankreichs nach dem Louvre zu besitzen. Womit man wieder beim berühmten Sohn der Stadt wäre, denn Macht und Einfluß verdankte der Kardinal vor allem der Verwandtschaft mit Napoléon. Die wertvolle Sammlung italieni-

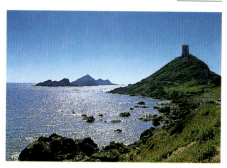

Die Iles Saguinaires

Napoleon grüßt auf der Place Maréchal-Foch

In der Kathedrale wurde Napoleon getauft

AJACCIO

scher Malerei vom 14. bis 18. Jh. wurde 1852 der Öffentlichkeit zugänglich gemacht. Unter den Exponaten befinden sich u. a. Werke von Giovanni Bellini, Botticelli und Tizian. (🕒 Sommer Di–Sa 9.30–12, 15–19 Uhr). Im Palais ist auch eine umfangreiche Bibliothek mit über 50 000 Bänden untergebracht. Im rechten Flügel des Palais Fesch befindet sich die *Chapelle Impériale*. Die Kaiserliche Kapelle wurde 1860 auf Anweisung von Napoleon III von den Architekten Paccard und Cazeneuve als kaiserliches Mausoleum errichtet. Das Kreuz am Hauptaltar brachte Napoleon seiner Mutter aus Ägypten mit. In der Krypta sind mehrere Mitglieder der Familie Bonaparte bestattet. Alljährlich am 5. Mai, Napoleons Todestag, finden hier Gedenkgottesdienste statt. Erholung findet man am Sandstrand von *Plage Saint-François* unterhalb der Citadelle.

Praktische Hinweise

❶ Syndicat d'Initiative, Hôtel de Ville, Place Maréchal-Foch, F-20200 Ajaccio, ☎ 04 95 21 40 87, 📠 04 95 51 01 19.

✈ Ajaccio–Campo dell'Oro. Linienverbindungen nach Paris, Nizza, Marseille; innerkorsische Flüge nach Bastia, Calvi, Propriano und Figari.

🚆 Corte–Ponte Leccia–Bastia–Calvi.

🚌 Fernverbindungen nach Corte–Bastia, Calvi, Propriano–Sartène–Bonifacio, Porto-Vecchio, Cargèse–Porto.

⛴ Fähren nach Nizza, Marseille, Ausflüge zu den Iles Sanguinaires

🏨 **Dolce Vita,** Route des Sanguinaires, ☎ 04 95 52 00 93, 📠 04 95 52 07 15. Ruhiges Hotel, etwas außerhalb von Ajaccio am Golf, mit dem Restaurant „La Mer", vom Michelin mit einem Stern ausgezeichnet. ⑤⟫
Fesch, 7, rue Cardinal-Fesch, ☎ 04 95 21 50 52, 📠 04 95 21 83 36. Traditionelles Altstadthotel ohne großen Luxus. ⑤

🏨 **Point U,** 59, rue Cardinal-Fesch, ☎ 04 95 21 59 92. Bodenständige korsische Küche in einem Gewölbe aus dem 12. Jh. ⑤
A Tinella, 86, rue Cardinal-Fesch, ☎ 04 95 21 13 68. Eines der beliebtesten Lokale in Ajaccio, mit besonders guten Fischspezialitäten. ⑤

Einkaufstips: Jeden Vormittag bis 12 Uhr ist **Markt** auf dem Square César-Campinchi. Angeboten werden all die wohlschmeckenden, duftenden Erzeugnisse der Insel.

Am Abend: Bei Roulette, Baccara und Tanz kann man sich im **Casino,** Boulevard Lantivy, ☎ 04 95 21 41 14, vergnügen.

Ausflug

Blutroter Sonnenuntergang an den Iles Sanguinaires

An einem lauen Sommerabend, kurz vor Sonnenuntergang, lohnt sich ein kleiner Ausflug vom Hafen in Ajaccio zu den *Iles Sanguinaires* direkt gegenüber dem Golf von Ajaccio. Es ist ein grandioses Naturschauspiel, wenn das Licht der untergehenden Sonne die Granitfelsen blutrot färbt – daher auch der klangvolle Name. Bei dem Ausflug ist der Weg das Ziel, denn auf den vier kahlen Inselchen selbst gibt es nur noch die Reste eines Lazaretts und eines genuesischen Turms aus dem 15. Jh. zu sehen. Man braucht aber nicht unbedingt an einem Bootsausflug teilzunehmen, um diesen eindrucksvollen Sonnenuntergang mitzuerleben, sondern kann auch mit dem Auto auf der Küstenstraße D 11 stadtauswärts bis zur Pointe de la Parata fahren und von hier in ca. 10 Minuten zu Fuß bis zur äußersten Spitze des Kaps mit dem Wachturm der Genuesen gehen. Von dort genießt man einen herrlichen Blick auf die Inseln.

Ajaccio widmete seinem
berühmtesten Sohn, Napoleon,
auch ein Museum

**Bonifacio

Die Insel auf der Insel

Hoch auf einem weißen Kreidefelsen über dem Meer thront Korsikas eigenwilligste Stadt. Die Bonifacesi stammen von den Italienern ab, die hier während der genuesischen Herrschaft angesiedelt wurden. Noch heute sprechen viele Einwohner einen alten Genueser Dialekt, und wenn sie ihre Festung verlassen, sagen sie, „ich gehe nach Korsika".

Schon der Hafen von Bonifacio ist ein Postkartenmotiv. Erklimmt man die città alta, befindet man sich in einem Labyrinth enger Gassen und kleiner Plätze mit mittelalterlichen Häusern. Von oben hat man einen traumhaften Blick übers Meer auf die Bouches (Straße) von Bonifacio. In der Ferne zeichnet sich die italienische Insel Sardinien ab, die nur 12 km entfernt ist.

Geschichte

Bonifacio war offensichtlich schon im Frühneolithikum besiedelt. Als Beweis gilt die sogenannte Dame von Bonifacio, ein Fundstück Jahrgang 6500 v. Chr. Odysseus berichtete von menschenfressenden Riesen und einer Stadt auf einem weißen Kalkfelsen hoch über dem Meer, die den meisten Belagerungen widerstehen konnte. Als erwiesen jedenfalls gilt, daß die Römer im Nordosten des heutigen Bonifacio die kleine Siedlung Palla gründeten.

Doch die Geschichte von Bonifacio begann erst im Jahre 828, als Graf Bonifacio aus Lucca die strategisch günstige Lage der Felsen mit sicherem Naturhafen entdeckte und nach einem Sieg über die Sarazenen hier eine Festung bauen ließ. In der Zeit von 1014 bis 1280 gab es immer wieder Kämpfe zwischen Genua und Pisa um die Stadt. 1195 ließen sich genuesische Siedler in der Stadt nieder. 1280 wurde Pierre Mathieu Doria Podestà von Bonifacio, 1420 erfolgte eine viermonatige Belagerung durch den König von Aragon. 1528 wütete die Pest, die die Bevölkerung Bonifacios binnen kurzer Zeit von 5000 auf 700 schwinden ließ. 1541 suchte hier Karl V. nach seinem fehlgeschlagenen Feldzug gegen Algerien Schutz, 1793 befehligte Napolen als Artillerieoffizier die Bürgerwehr.

Stadtrundgang

Die südlichste Stadt Frankreichs wurde auf einer schmalen, durch einen 1,5 km langen Fjord gebildeten Halbinsel angelegt. Zur Seeseite hin ragen die Kalksteinwände über 60 m hoch senkrecht aus dem Meer empor. Die Brandung hat die Felsen in Millionen von Jahren unterspült und zerklüftet. Oben auf dem Plateau drängen sich die Häuser der Altstadt bis dicht an den Felsrand.

Lebensader von Bonifacio (2800 Einw.) ist die Uferpromenade **Quai Comparetti** mit Booten und Jachten, gesäumt von Restaurants, Cafés, Boutiquen und Souvenirläden. In Hufeisenform umrahmt die Unterstadt „La Marine" den Hafen von Bonifacio – den teuersten Korsikas. Wer sich für die Meereswelt interessiert, sollte das **Aquarium** besuchen, das sich direkt am Quai befindet. In einer Naturgrotte kann man Flora und Fauna der Bouches de Bonifacio bewundern (April bis Okt. tgl. 10 bis 20 Uhr). Vom Hafen starten die Ausflugsboote zu den Inseln Cavallo und Lavezzi, seit 1982 Naturschutzgebiet. Dort können passionierte Ornithologen Königsmöwen beobachten.

Zur Oberstadt gelangt man am besten zu Fuß. Es empfiehlt sich, das Auto auf den Parkplätzen am Hafen abzustellen; von dort fahren Kleinbusse zur Altstadt hinauf – oder man geht zu Fuß über die **Montée Rastello** ❶, einen gepflasterten Treppenweg, der ebensogut zu einem

BONIFACIO

Palast führen könnte. Oben angekommen wird man für den Aufstieg mit einem herrlichen Ausblick belohnt: auf einer Seite bis zu 60 m hohe Steilwände, auf der anderen Seite den Jachthafen. In der Ferne sieht man den südlichsten Leuchtturm Korsikas, Phare de Pertusato. Weiter Richtung Süden reicht der Blick über das türkisblaue Meer bis zur nur 12 km entfernten Nordküste Sardiniens.

Der Hafen am Ende des Fjords

An der Aussichtsterrasse Belvedère de la Manichella beginnt die Festungsmauer. Über die *Montée Saint-Roch* erreicht man das wuchtige genuesische Festungstor **Porte de Gênes** ❷, 1598 errichtet und bis ins 19. Jh. der einzige Zugang zur Oberstadt.

Die mächtige **Bastion de l'Etandard** ❸ – die erste Verteidigungslinie der Citadelle – erstreckt sich bis zur Spitze des Felssporns. Die Bastion wurde von der Garnison aus Genua bis zur Französischen Revolution benutzt. Außer einer Kopie der „Dame von Bonifacio" kann man in den Räumlichkeiten historische Szenen aus dem Leben Bonifacios vom Mittelalter bis zum 19. Jh. sehen. Die Eintrittskarte gilt übrigens gleichzeitig

❶ Montée Rastello
❷ Porte de Gênes
❸ Bastion de l'Etandard
❹ Eglise Sainte-Marie Majeure
❺ Eglise Saint-Jean-Baptiste
❻ Eglise Saint-Dominique
❼ Escalier du Roi d'Aragon

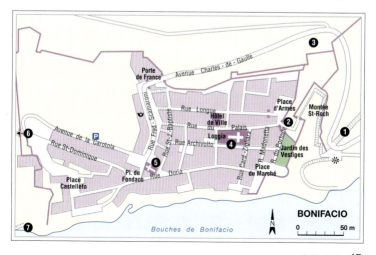

BONIFACIO

für den Escalier du Roi d'Aragon und die Eglise Saint-Dominique. Beim Bummel durch die engen Gassen der Oberstadt trifft man auf den allgegenwärtigen Napoleon. Als er die fehlgeschlagene Expedition nach Sardinien leitete, wohnte er von Januar bis März 1792 im Haus Nr. 31 in der *Rue des deux Empereurs*. Im Haus Nr. 22, schräg gegenüber, übernachtete 1541 Karl V.

In der Parallelstraße *Rue du Palais* steht die romanische **Eglise Sainte-Marie Majeure** ❹ aus dem 13. Jh. mit einem schönen Sakramentshäuschen. Der Kirchenvorplatz diente einst als eine Art Versammlungsplatz für den Ältestenrat der Stadt. Darunter befand sich eine ca. 600 m³ fassende Zisterne für Regenwasser – Vorrat bei Belagerungen. Interessant ist ein näherer Blick auf die schmalen und hohen Häuser der Altstadt, die sich auf engem Raum zusammenpferchen. Früher gab es keine Treppen, man betrat die festungsähnlichen Gebäude über Strickleitern, die bei Gefahr schnell wieder eingezogen werden konnten. Mittels eines ausgeklügelten Systems wurde das Regenwasser von den Dachrinnen in die hauseigenen Zisternen geleitet.

Der Spaziergang führt weiter durch die *Rue Saint-Jean-Baptiste* zur **Eglise Saint-Jean-Baptiste** ❺ aus dem Jahr 1785 und durch die *Rue Saint-Dominique* zur 1270 von den Dominikanern erbauten **Eglise Saint-Dominique** ❻ mit ihrem achteckigen Glockenturm. Im Innen sind vor allem die Barockorgel und die Holzskulpturen sehenswert.

An der Kaserne vorbei geht der Weg weiter bis zum *Friedhof und zur *Eglise Saint-François* am westlichen Ende des Kalkplateaus. Die einschiffige Kirche (Ende 13. Jh.) gehörte ehemals zu einem Franziskanerkloster.

Wer etwas für seine Fitneß tun will und schwindelfrei ist, kann den ***Escalier du Roi d'Aragon** ❼ zum Meer hinabsteigen. Ihren Namen verdankt die Treppe einer Legende. Derzufolge sollen es die Soldaten des Königs von Aragón gewesen sein, die 1420 in einer einzigen Nacht die Treppe in den Fels schlugen, um in die Stadt einzudringen und die Bonifacesi vom Meer aus angreifen zu können. In Wirklichkeit waren es jedoch die Bewohner Bonifacios, die die Treppe mit fast 2000 Stufen erbauten, um sich Zugang zu einem Brunnen und zum Meer zu schaffen, nachdem die Spanier die Hafeneinfahrt blockiert hatten.

Wer nach der Stadtbesichtigung eine Badepause einlegen möchte, kann die Strände *Maora* und *Santa Manza*, am gleichnamigen Golf, ca. sechs km von Bonifacio entfernt, aufsuchen.

Praktische Hinweise

❶ Syndicat d'Initiative, Rue Longue, F-20169 Bonifacio, ☎ 04 95 73 11 88.

✈ Figari (Sud Corse).
⛴ Ajaccio, Porto-Vecchio.
🚤 Bootausflüge, Fähren ab Gare Maritime nach Santa-Teresa di Gallura auf Sardinien.

🏨 **Genovese**, Quartier de la Citadelle, ☎ 04 95 73 12 34, 📠 04 95 73 09 03. Luxushotel hoch über der Bucht, Zimmer mit Panoramausblick. (⑤)
Marina du Cavu, Route de Calalonga, ☎ 04 95 73 14 13, 📠 04 95 73 04 82. Kleine Ferienvillen in Strandnähe mit Swimmingpool und Blick auf die Inseln Cavallo und Lavezzi. (⑤)
Le Roy d'Aragon, 13, Quai Comparetti, ☎ 04 95 73 03 99, 📠 04 95 73 07 94. Gemütliche Pension direkt am Hafen. Abends hat man einen schönen Blick auf das beleuchtete Bonifacio, morgens kann es allerdings etwas laut werden. (⑤)

🍴 **Albatros**, Quai Comparetti, ☎ 04 95 73 01 97. Hafenrestaurant mit fangfrischen Fischspezialitäten. (⑤)
La Stella d'Oro, Rue Doria, ☎ 04 95 73 06 63. Pizzas, Fischgerichte und korsische Spezialitäten, z. B. Eintopf. (⑤)

BONIFACIO

Einkaufstips: Korsische Spezialitäten wie Wein, Wurst, Likör und Honig gibt es bei **Comptoir Bonifacien**, 9, rue St-Jean-Baptiste, ☎ 04 95 73 05 19. Schmuck in der Boutique **Aphrodite**, 3, pl. Montepagano, Haute Ville, ☎ 04 95 73 11 46.

Am Abend: Bis spät in die Nacht kann man in **La Laetitia**, Quai Comparetti, ☎ 04 95 73 04 54, mit Blick auf den schön beleuchteten Hafen sitzen, Snacks und Eis essen und Musik hören. Wem noch der Sinn danach steht, das Tanzbein zu schwingen, kann sich nach einem Bummel auf der Hafenpromenade in der Diskothek **L'Agora** (Av. Caratolla) vergnügen.

Ausflug

Zur *Grotte du Sdragonato

Die Montée Rastello

Unbedingt empfehlenswert ist der 45minütige Bootsausflug vom Quai Comparetti in Bonifacio zur Sdragonato-Grotte. Allein schon die Fahrt durch das von Felsen begrenzte Hafenbecken ist beeindruckend. Durch den Fjord kommt man bereits nach wenigen Minuten zur Grotte du Sdragonato. Durch einen Felsspalt – der übrigens exakt die Umrisse der Insel zu haben scheint – fällt Licht in die Grotte und bewirkt ein schönes Farbenspiel auf den Unterwasserfelsen. Bei der Weiterfahrt passiert man die Grotte „Saint-Antoine", auch Napoleon genannt, denn ihre Form erinnert tatsächlich verblüffend an den Hut des Franzosenkaisers. Einen Blick aus nächster Nähe kann man während des Bootsausfluges außerdem auf den sogenannten Grain de Sable, den eigenwilligen Kalkfelsen vor Bonifacio, werfen.

Hoch über dem Meer thront die Altstadt von Bonifacio

An der Hafenpromenade ist auch abends noch viel los

*Calvi

Bilderbuchstadt am tiefblauen Golf von Calvi

Wenn Sie in Ihrem Sommerurlaub Ruhe und Einsamkeit suchen, sind Sie in Calvi am falschen Ort. Denn Tausende von sonnenhungrigen und badefreudigen Touristen kommen mit dem Schiff oder dem Flugzeug während der Saison in diese wundervoll gelegene kleine Küstenstadt mit ihrem kilometerlangen weißen, piniengesäumten Sandstrand und hochaufragenden Bergen im Hintergrund. Calvis Bilderbuchlage ließ die Stadt mit ihrer mittelalterlichen Zitadelle zu einem der größten und beliebtesten Ferienorte Korsikas werden. Doch selbst in der Hochsaison, wenn im Schnitt auf jeden der 3600 Einwohner zwei Urlauber kommen, versteht diese Stadt es, sich ihren Charme zu bewahren.

Geschichte

Die geschützte Hafenbucht wurde bereits in der Antike von Seefahrern entdeckt, der strategisch günstig gelegene Hafenort Sinus Casalus wurde aber erst von den Römern im 1. Jh. n. Chr. gegründet. 1268 begannen die Genueser die Zitadelle zu errichten, im 15. Jh wurden ihre letzten Mauern vollendet. Über dem Eingangstor ist Calvis Treueschwur gegenüber Genua eingemeißelt: Civitas Calvi semper fidelis (Calvi, die immer treue Stadt). Und in der Tat wurde er eisern befolgt: 1553 und 1559 bekämpfte Calvi Sampiero Corso und die mit ihm verbündeten französischen Truppen, und selbst während des korsischen Freiheitskampfes widerstand die Stadt jeglichen Eroberungsversuchen Pasquale Paolis: Als 1794 englische Verbündete von Paoli die Stadt belagerten, leisteten die Bewohner hartnäckig Widerstand. Sie kapitulierten erst, als ihre Lebensmittelvorräte aufgebraucht waren und ihnen der Hunger keine andere Wahl ließ. Horatio Nelson (der spätere Admiral) verlor bei dieser berühmten Belagerung sein rechtes Auge. 1796 übernahmen die Truppen des französischen Revolutionsheeres die Insel. Damit ging auch Calvi, das Genua nicht zuletzt wegen der gewährten Privilegien 500 Jahre die Treue gehalten hatte, an Frankreich. Kurz vor dem Zweiten Weltkrieg wurde Calvi französischer Militärstützpunkt, 1944 nutzten die Alliierten den Hafen als Basis für die Landung ihrer Truppen an der französischen Südküste.

Stadtrundgang

Die Stadtbesichtigung beginnt man am besten in der kleinen, in sich geschlossenen Haute Ville (Oberstadt). Calvis Wahrzeichen, die ****Citadelle** ❶ ist auf einem vorspringenden Felssporn über dem Meer errichtet. Die engen, kopfsteingepflasterten Gassen hinter den zinnenbewehrten Festungsmauern vermitteln im Gegensatz zur hektischen Unterstadt eine ruhige Atmosphäre. Hier sieht man noch viele Einheimische vor ihren ockerfarbenen Häusern sitzen. Vor allem aber hat man von dort oben einen wunderbaren Blick über den Golf.

Den Hauptplatz der Citadelle, die Place d'Armes, beherrscht der ehemalige Gouverneurspalast, seit 1967 Kaserne der französischen Fremdenlegion. Im **Oratoire de la Confrèrie Saint-Antoine** ❷ aus dem 15. Jh. kann man religiöse Kunstwerke aus dem 16. bis 19. Jh. sowie Meßgewänder, Ziborien und Marmortabernakel sehen (◌ Juni bis Sept. Mo-Sa 10-12, 15-18 Uhr).

Die oktogonale Laternenkuppel der **Eglise Saint-Jean-Baptiste** ❸ überragt die Citadelle. Der erste Kirchenbau geht auf das 13. Jh. zurück. 1567 wurde das Gotteshaus bei einer Explosion teilwei-

CALVI

se zerstört, 1570 wieder aufgebaut und 1576 zur Kathedrale erhoben.

Der Innenraum auf dem Grundriß eines griechischen Kreuzes birgt eine Reihe wertvoller Kunstwerke, vor allem das Kruzifix „Christ des Miracles". 1553, während der Belagerung durch die Türken und Franzosen trugen es die Bewohner Calvis rund um die Stadt und wie durch ein Wunder gaben die feindlichen Belagerer auf. Seither wird das Ebenholzkruzifix besonders verehrt und noch heute bei Prozessionen durch die Gassen getragen. Sehenswert sind auch das Marmortaufbecken, die Holzschnitzereien an der Kanzel (18. Jh.) und der Hauptaltar aus verschiedenfarbigem Marmor.

Die Citadelle – Calvis Wahrzeichen

❶ Citadelle
❷ Oratoire de la Confrèrie Saint-Antoine
❸ Eglise Saint-Jean-Baptiste
❹ Tour du Sel
❺ Eglise Sainte-Marie-Majeure

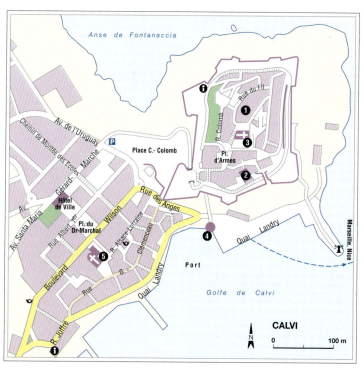

Polyglott **49**

CALVI

In der *Rue Colomb* erinnert eine Gedenktafel an Christoph Kolumbus, denn Calvi hält hartnäckig an der Behauptung fest, daß Kolumbus 1441 hier in der Zitadelle von Calvi geboren wurde. Ein Held mit zwei Geburtsstätten, denn auch Genua beansprucht Kolumbus für sich.

Von der Eckbastion Teghiale am äußeren Bollwerk hat man die schöne Bucht und den Golfe de Revellata zu Füßen. Die befestigte **Tour du Sel** ❹ aus dem 15. Jh. direkt unter der Citadelle war ursprünglich ein Wachturm, später diente er als Salzdepot.

Im Schutz der Festungsanlage wurde im letzten Jahrhundert die Unterstadt von Calvi angelegt, die sich mittlerweile immer weiter Richtung Süden ausbreitet. Sie wird von der hohen Kuppel der **Eglise Sainte-Marie-Majeure** ❺, die 1774 an der Stelle einer frühchristlichen Basilika errichtet wurde, beherrscht. Ihr Glockenturm stammt aus dem 19. Jh.

Durch enge Gassen kommt man ins lebhafte Hafenviertel, wo man in einer Bar einen Pastis genießen und die Fischerboote und Jachten im Hafen betrachten kann. Falls Sie Hunger verspüren, sollten sie dem Quai Landry folgen, wo sich ein Lokal an das andere reiht.

Am Südende des Hafens beginnt der sechs Kilometer lange Sandstrand – im Hochsommer kann es hier allerdings ziemlich eng werden. Im weiteren Verlauf der Küste findet man Felsbuchten, die ein wahres Paradies für Taucher und Schnorchler sind. Die Unterwasserwelt läßt sich von einem Glasbodenboot mit Scheinwerfern beobachten, die Ausflugsboote starten am Quai Landry in Calvi. Wer die Strände der Balagne mit ihren einladenenden Badeorten erkunden möchte, kann von Calvi die Schmalspurbahn „Tramway de la Balagne" nehmen. Das Bähnchen verkehrt mehrmals täglich zwischen Calvi und L'Ile Rousse und hält an 21 Stationen.

Praktische Hinweise

❶ Office Municipal du Tourisme, Port de Plaisance, F-20260 Calvi, ☎ 04 95 65 16 67, 🖷 04 95 65 14 09.

🚋 Calvi, L'Ile Rousse, Ponte Leccia, Bastia/Corte-Ajaccio, im Sommer „Tramway de la Balagne".

🚋 Porto, Belgodère, Ponte Leccia u. a.

⛴ Fähren nach Nizza, im Sommer auch nach Toulon und Genua.

🏨 **La Villa,** Chemin de Notre-Dame-de-la-Sierra, ☎ 04 95 65 10 10, 🖷 04 95 65 10 50. Viersternehotel mit Tennisplatz, Swimmingpool und Gourmettempel hoch über der Stadt. $$$
La Magnolia, Place du Marché, ☎ 04 95 65 19 16, 🖷 04 95 65 34 52. Zentral und trotzdem herrlich ruhig, schattiger Garten. $

🍴 **Ile de Beauté,** Quai Landry, ☎ 04 95 65 00 46. Schönes Lokal mit ausgezeichneter Küche in bester Lage, aber natürlich auch mit entsprechenden Preisen. $$
Santa Maria, Place de L'Eglise, ☎ 04 95 65 04 19. Gemütliches Lokal, gute Küche und große Auswahl. $

Einkaufstips: In Calvi kann man besonders gut die typischen Weine der Balagne einkaufen, z. B. bei
Clos Landry, Carrefour de L'Aéroport, ☎ 04 95 65 04 25, oder
Balaninu Nobile, Fabrizy et Angalada, Résidence Carolini, ☎ 04 95 65 37 10.

Am Abend: In den beiden gefragtesten Diskotheken Calvis wird die Nacht zum Tag: **Discothèque Acapulco,** Route de Calenzana, ☎ 04 95 65 08 83, und **Discothèque Camargue,** N 197, ☎ 04 95 65 08 70.

Die felsigen Buchten südlich von Calvi sind ein Paradies für Taucher

Route 1

Rundfahrt um den Finger Korsikas

Seite 55

Bastia – **Cap Corse – Bastia (129 km)

„L'île dans l'île" („Insel auf der Insel") sagen die Korsen, als „gen Kontinent gerichteter Finger" bezeichnen die Franzosen die steil zum Meer abfallende Halbinsel im nördlichsten Teil Korsikas. Die 40 km lange und 15 km breite Halbinsel hat sich bis heute ihren eigenen Charakter bewahrt. Auch die Bewohner des Caps unterscheiden sich von den übrigen Korsen, erinnern sie doch in Sprache und Mentalität ein wenig an die Toskaner. In früherer Zeit betrieben die Cap-Corsianer regen Handel mit französischen und italienischen Hafenstädten, in die sie Bodenschätze und Mehl brachten. Heute gedeihen am Cap Corse die berühmtesten Weine der Insel, das traditionsreiche Winzerdorf Patrimonio bringt die Augen eines jeden Weinkenners zum Glänzen.

Eine Rundfahrt um das **Cap Corse gehört zu den lohnenswertesten Ausflügen, die man auf Korsika unternehmen kann. Die felsige Westküste beeindruckt durch ihre landschaftliche Schönheit, die Ostküste lockt mit ihrer üppigen Vegetation. Es empfiehlt sich, die Rundfahrt gegen den Uhrzeigersinn zu machen. Auf diese Weise hat man die Sonne meist im Rücken und wird nicht geblendet. Die Straße ist streckenweise eng, kurvig und holprig und erfordert die ganze Aufmerksamkeit des Fahrers. Auf der Tour liegen auch einige kleine Badebuchten, die aber meist nur zu Fuß erreichbar sind.

Die 129 km sind mit dem Wagen an einem Tag zu schaffen, selbst wenn man in einem der Restaurants eine ausgedehnte Mittagspause einlegt und die köstlichen Cap-Langusten probiert. Wer nicht mit dem Auto fahren möchte, kann sich auch einer Tagesrundfahrt mit dem Bus anschließen. Die Ausflugsbusse starten in der Hochsaison fast täglich in der Rue Nouveau Port in Bastia.

Zur „Tour de Cap" verläßt man Bastia auf der D 80. Über das Straßendorf Miomo mit kleinem Jachthafen, Genuesenturm und nicht besonders einladendem Kieselstrand kommt man nach **Lavasina** mit einem angeblich wundertätigen Marienbild, der „Madonna di Lavasina", aus der Werkstatt Peruginos (16. Jh.). Alljährlich am 8. September wird eine Prozession zur Lavasiner Kirche Notre-Dame des Grâces veranstaltet.

Wanderfreunde werden gerne die Gelegenheit ergreifen, den **Monte Stello* (1307 m) zu erklimmen. Von Lavasina führt eine Straße durch dichte Macchia nach *Pozzo* (4 km) am Fuß des Berges. Nach einem ca. dreistündigen Aufstieg genießt man vom Gipfel einen traumhaften Panoramablick über Korsikas „Finger", das Cap Corse und den Golf von Saint-Florent.

Nicht weniger eindrucksvoll ist eines der beliebtesten Fotomotive ganz Korsikas, der Turm *Le Pirate*, der malerisch auf einer Felsklippe an der Spitze einer kleinen Landzunge über dem Hafenbecken von **Erbalunga** steht. Auch das verwinkelte Dorf mit schiefergedeckten Fischerhäuschen, renovierten Ferienvillen, einem kleinen, malerischen Fischerhafen und Naturstrand ist eine Besichtigung wert. Höhepunkt im Dorfleben sind die beiden feierlichen Prozessionen, die alljährlich am Karfreitag stattfinden: Zur Prozession „La Cerca" („Die Suche") am Morgen besuchen die Gläubigen Kirchen in der Umgebung, am Abend findet die Büßerprozession „La Granitola" statt. Hierbei tragen die Teilnehmer die etwas unheimlich wirkenden Kapuzengewänder.

🏨 **Le Pirate,** ☎ 04 95 35 21 17.
In dem kleinen Lokal am Hafen von Erbalunga werden ausgezeichnete Fischspezialitäten serviert. Ⓢ

Hinter Erbalunga wird die Landschaft allmählich rauher, der nächste Ort landeinwärts, **Sisco** (500 Einw.), war schon im Mittelalter wegen seiner Waffenschmieden und Schmuckwerkstätten bekannt. In der Schatzkammer der Pfarrkirche Saint-Martin wird eine mit Silber und Gold überzogene Kupfermaske (13. Jh.) des hl. Johannes Chrysostomos aufbewahrt.

Hinter der Meeresbucht Marine de Pietra-Corbara steht etwas verlassen inmitten der Macchialandschaft die **Tour de Losse,** einer der besterhaltenen genuesischen Wachtürme Korsikas.

Macinaggio hat sich zu einem beliebten Urlaubsziel mit vielen Bars und Restaurants entwickelt. Das liegt nicht zuletzt an den Stränden in der Umgebung. Da Macinaggios Hafen durch seine günstige Position den anlegenden Schiffen mehr Schutz bot als der von Bastia, war er einst dessen großer Konkurrent. Auch der Freiheitsheld Pasquale Paoli erkannte die Vorzüge dieser Lage und ließ den Hafen zum Kriegshafen ausbauen. Wo früher die Kriegsschiffe einliefen, liegen heute Jachten vor Anker.

❶ Syndicat d'Initiative, Port de Plaisance, F-20248 Macinaggio, ☎ 04 95 35 40 34.

🏨 **U Ricordu,** F-20248 Macinaggio, ☎ 04 95 35 40 20, 📠 04 95 35 41 88.
Ruhiges, kleines Hotel mit Pool, Sauna und Mountainbike-Verleih. Ⓢ

△ **U Stazzu,** F-20248 Macinaggio, ☎ 04 95 35 43 76. 100 Plätze.
🕐 1. April bis 30. Sept.

Eingebettet in Oliven- und Kastanienhainen an einem Hang liegt **Rogliano,** (500 Einw.), zwischen dem 12. und

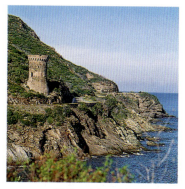

Die Tour de Losse ist einer der besterhaltenen Wachtürme

Die Gegend um Patrimonio ist bekannt für ihre guten Weine

Der grau-schwarze Strand von Nonza

ROUTE 1

16. Jh. Sitz der genuesischen Adelsgeschlechts Da Mare. Dieser Familie gehörte ein großer Teil von Cap Corse. Etwas außerhalb des Ortes stehen noch die Ruinen des Familienschloßes San Colombano. Wegen der Genuatreue ihrer einstigen Besitzer wird sie im Volksmund auch „U Castellacciu" (schlechte Burg) genannt.

Vom Col de la Serra erreicht man in wenigen Minuten zu Fuß den **Moulin Mattei,** unschwer an seinem roten Dach zu erkennen. Sie ist die einzige erhalten gebliebene Mühle Korsikas, ein Relikt aus den Zeiten, als auf dem Cap noch Korn gemahlen wurde. Von hier hat man einen traumhaften Blick auf die ca. 4 km der Nordküste vorgelagerte Leuchtturminsel *Giraglia*, ein beliebtes Ziel für Sporttaucher.

Der Jachthafen des kleinen Ortes **Centuri-Port** (180 Einw.) zählt zu den schönsten Häfen Korsikas und ist der einzige zwischen Saint-Florent und Macinaggio. Ein Standortvorteil, den schon die Genuesen zu nutzen wußten: Im 13. Jh. starteten sie von Centuri, um Calvi zu gründen, 1792 lief von hier unter dem Kommando Napoleons eine Invasionsflotte nach Sardinien aus.

Heute herrscht in Centuri-Port Ferienidylle, rund um den kleinen, geschützten Hafen bilden die pastellfarben gestrichenen Häuser eine malerische Kulisse. Centuri hat auch kulinarisch etwas zu bieten, denn am Cap fangen die Fischer die schmackhaftesten Langusten der Insel. Fangfrisch kann man sie gleich im Hafenrestaurant **Du Pêcheur** (☎ 04 95 35 60 14; 💲) genießen.

In der Zeit von 41 bis 49 n. Chr. soll der Philosoph Seneca auf Korsika gelebt haben. Allerdings nicht ganz freiwillig: Er wurde wegen einer Hofintrige auf die Insel in einen Turm, die **Tour de Sénèque,** verbannt. Zu diesem Seneca-Turm führt eine Straße, die kurz vor Pino zum Col de Sainte-Lucie abzweigt. Das letzte Stück von der Paßhöhe zu den Ruinen des Turms muß man zu Fuß gehen. Belohnt wird man nicht zuletzt mit einer großartigen Aussicht auf die West- und Teile der Ostküste, manchmal sieht man sogar bis Elba und zum italienischen Festland.

Pino (137 Einw.) auf einem Felsvorsprung hoch über dem Meer, ist vor allem wegen dem ehemaligen Kloster St-François (15. Jh.), das neben einem alten Genuesenturm an der Marine de Pino steht, sehenswert. Einen genaueren Blick verdienen das Fresko und die Kreuzwegstationen in der Kapelle.

Canari (320 Einw.), oberhalb der Küstenstraße, lohnt einen Abstecher vor allem wegen der Kirche Santa Maria Assunta im pisanisch-romanischen Stil des späten 12. Jhs. und der Barockkirche Saint-François mit einem Triptychon aus dem 15. Jh. und einem vergoldeten Holztabernakel aus dem 18. Jh.

Nach dem kleinen Küstenort *Marine d'Albo* erreicht man ★**Nonza** (70 Einw.). Mittelpunkt des kleinen mittelalterlichen Ortes hoch über dem Meer ist der zinnenbewehrte Genuesenturm, der Schauplatz einer ebenso heldenhaften wie listigen Tat war: 1768 hatten die Franzosen das gesamte Cap unterworfen, vermuteten aber im Turm von Nonza die Truppen von Freiheitskämpfer Paoli. Im Turm befand sich allerdings nur mutterseelenallein Capitano Casella. Dieser feuerte Salven aus mehreren Gewehren und bestärkte die Franzosen in ihrer Vermutung. Diplomatische Verhandlungen sicherten dem Capitano freien Abzug. Die Überraschung beim Gegner war verständlicherweise groß, als nur ein Mann den Turm verließ.

Eine Treppe am Ortsausgang führt zu Nonzas kilometerlangen grau-schwarzen Sandstrand. Wegen des inzwischen aufgegebenen Asbestabbaus am nahen Monte Cuccaro ist Baden hier nicht angesagt – jahrelang wurde das asbesthaltige Gestein ins Meer gekippt. Auf dem ca. 20minütigen Spaziergang zum

ROUTE 1

Strand kommt man an der Doppelquelle der hl. Julie vorbei. Die Legende erzählt, daß hier die Märtyrerin Julia während der Christenverfolgungen unter Kaiser Diokletian im Jahre 303 gefoltert und getötet wurde. Daraufhin soll an diesem Ort eine wundertätige Quelle entsprungen sein. Der Leichnam Julias befindet sich heute in Brescia. In Nonza erinnert die Kirche Sainte-Julie aus dem 16. Jh. mit einem barocken Marmoraltar an die Heilige.

Das eher unscheinbare Örtchen *Patrimonio (450 Einw.) ist die Heimat bekannter korsischer Weine. Vor allem aus den Niellucciu-Trauben werden Spitzenweine gekeltert. Besonders berühmt ist der Muskateller aus Patrimonio. An der Straße laden Weinkeller ein zur dégustation von Rot-, Weiß- und Roséweinen.

Wer sich zur Erinnerung an den Urlaub auf Korsika Wein aus Patrimonio mitnehmen möchte, wird beispielsweise fündig bei **Saint Martin de Patrimonio**, Cave Giovanetti, Hameau Palazzo, ☎ 04 95 37 01 27, oder bei **Reserve Massimi**, Rusticone, ☎ 04 95 37 04 72.

Im Juli gibt es einen weiteren Anreiz hierher zu kommen, dann lassen renommierte Musiker zur „Nuit de la guitare", der „Nacht der Gitarre", die Gitarrensaiten erklingen. Nahe der Barockkirche Saint-Martin fällt die über 2 m große Menhirstatue „Nativo" aus Kalkstein auf, die im 1. Jt. v. Chr. von den nach Norden vertriebenen Megalithikern errichtet wurde.

Die Rückfahrt erfolgt über den **Col de Teghime**. Von dem Paß hat man einen schönen Blick auf Bastia und den Golf von Saint-Florent. Ein Mahnmal erinnert an den Oktober 1943. Damals wurde die von deutschen Soldaten zur Sicherung Bastias errichtete Stellung von den Franzosen erobert. Vom 536 m hohen Col de Teghime steigt die D 338 zur Serra di Pigno. Von 960 m Höhe bietet sich ein letzter großartiger Rundblick, bevor man wieder nach Bastia (s. S. 34) kommt.

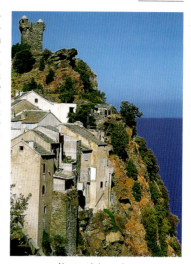

Nonza wird von einem Genuesenturm überragt

Polyglott **55**

Route 2

Im Reich der Kastanienbäume

Bastia – Vescovato – Carcheto – Bastia (118 km)

Kastanienhaine soweit das Auge reicht. Die bis zu 20 m hohen Bäume mit ihrer rissigen Rinde, dem dichten Laub und den stachligen, hellgrünen Früchten haben dem Mittelgebirge der Castagniccia, in der nördlichen Ebene zwischen der Schlucht des Golo und dem Fluß Tavignano seinen Namen gegeben. Im Frühjahr stehen die riesigen Kastanienwälder in voller Blüte, im Herbst beeindrucken sie durch ihre Farbenpracht. Die Landschaft ist wild, fast ein wenig unheimlich mit stellenweise steilen Bergketten. Wegen der Kastanien, die nicht nur Hauptnahrungsmittel der Bewohner waren, sondern auch gegen Olivenöl, Wein oder Obst eingetauscht wurden, war die Castagniccia einst einer der wohlhabendsten Landstriche Korsikas. Doch seitdem das Brot vorwiegend aus dem wesentlich günstigeren, importierten Weizenmehl gebacken wird, haben die Kastanien deutlich an Wert verloren, viele Bewohner zogen fort. Heute zeugen von dem ehemaligen Wohlstand nur noch die zahlreichen großen Kirchen. Seit einigen Jahren gibt es Versuche, die Castagniccia wiederzubeleben, indem man die Terrassenkulturen wieder pflegt und Wanderwege für Touristen anlegt.

Die Fahrt durch die Castagniccia zeigt dem Besucher eine ganz eigene Seite Korsikas. Wenn man die landschaftlichen und kulturellen Sehenswürdigkeiten nicht im Eiltempo abhaken möchte, sollte man einen Tag einplanen.

Die Castagniccia-Rundfahrt beginnt in Bastia, man folgt der N 193, biegt nach 16 km Richtung Flughafen Poretta ab und kann gleich der Basilika **★★ Santa-Maria-Assunta**, genannt **La Canonica**, etwas Zeit widmen. Die Kathedrale ist ein Musterbeispiel für die Pisaner Frühromanik auf Korsika und gehört sicherlich zu den sehenswertesten Sakralbauten der gesamten Insel. Heutzutage wirkt die Kirche etwas verloren in der Ebene von Mariana, einer ehemals mächtigen Römerstadt, die von den Lombarden völlig verwüstet wurde. In unmittelbarer Nähe sind noch Reste einer frühchristlichen Taufkirche und gut erhaltene Mosaikfragmente vom Taufbecken zu sehen, die vom ehemaligen spätrömischem Reichtum zeugen.

Santa-Maria-Assunta wurde 1119 vom Erzbischof von Pisa geweiht, im 16. Jh. wurde das Gotteshaus zu einem großen Teil zerstört und erst im 20. Jh. restauriert. Die elegante dreischiffige Pfeilerbasilika mit schmalem Langhaus und Schießschartenfenstern war Vorbild für die anderen pisanischen Kirchen auf Korsika. Zwei Säulenreihen unterteilen das schlichte, aber elegante Innere, Licht fällt durch schmale Fenster. La Canonica – so genannt nach ihrem einstigen Kanonikerkollegium – birgt ein Geheimnis: An der Südseite der Kirche ist ein Kreuzmuster zu erkennen, auf der Nordseite Figuren, die ihre Entsprechungen im Kircheninneren haben. Sie sollen Hinweise auf einen bis heute noch nicht entdeckten Goldschatz geben.

Zurück auf der N 193, die zur N 198 wird, geht es bald rechts ab nach **Vescovato** (2100 Einw.), einem malerisch inmitten von Kastanienwäldern und Getreidefeldern gelegenen Örtchen im nordöstlichen Teil der Castagniccia. Im Gegensatz zu anderen Orten, die zum Schutz vor Malaria bevorzugt am Bergrand angelegt wurden, befindet sich das Dorf in einem Talschluß. Mittelpunkt ist der Hauptplatz mit einem schönen Brunnen. Vom 13. bis 16. Jh. war der kleine Ort Bischofssitz, die Kir-

ROUTE 2

che San Martino erinnert an diese glorreichen Zeiten.

Hinter Venzolasca folgt man rechts der D6 und passiert die typischen Castagnicca-Dörfchen *Loreto-di-Casinca* und *Penta-di-Casinca* mit ihren hohen Schieferhäusern. Die Straße klettert am Bergrand weiter landeinwärts zum Col de Saint-Antoine empor. Rechter Hand sieht man noch die Reste des verfallenen Klosters *Saint-Antoine*. Eine Gedenktafel erinnert daran, daß hier 1755 Pasquale Paoli nach seiner Rückkehr aus dem Exil zum General der korsischen Nation gewählt wurde.

Die Basilika Santa-Maria-Assunta, genannt La Canonica

Vom Col de Saint-Antoine biegt man dann links auf die D 515 nach **La Porta** (420 Einw.) Der kleine Ort überrascht mit einer ausgesprochen eindrucksvollen *Pfarrkirche mit Barockfassade und einem großzügig wirkenden Glockenturm. Innen vor allem die holzgeschnitzte Christusfigur aus dem 17. Jh. und die schöne italienische Orgel (18. Jh.) sehenswert. Im Sommer finden hier Orgelkonzerte statt.

Reife Eßkastanien

Die Geschichte der Kastanie

Bereits die Etrusker führten den Kastanienbaum aus Kleinasien nach Korsika ein. Bevor jedoch die mächtigen, schattigen Kastanienhaine von der Castagniccia Besitz ergriffen, war das Gebiet von gewaltigen Eichenwäldern überzogen. Erst die Genuesen ließen die heimischen Eichen durch Kastanienkulturen ersetzen – nicht ohne Hintergedanken: Die Kastanien sollten zur Nahrungsmittelversorgung der Einheimischen dienen, alle anderen Agrarprodukte waren für Genua bestimmt. Bis ins 19. Jh. war die Kastanie als Brotbaum eine bedeutende Kulturpflanze. Ein Kastanienbaum galt als Garant für Wohlstand. So war die Castagniccia denn auch bis Mitte des 19. Jhs. ein recht dicht besiedeltes, landwirtschaftliches und kulturelles Zentrum der Insel. Die Dörfer und Bauern waren wohlhabend. Das Kastanienholz war ein begehrtes Handwerksmaterial. Die Kastanien wurden geröstet, gekocht und zu Mehl gemahlen, aus dem sich die verschiedensten Speisen und Brot zubereiten ließen, sie dienten darüber hinaus sogar als Tauschmittel. Als dann das wesentlich günstigere importierte Weizenmehl das Kastanienmehl vom Markt verdrängte, wurde der Kastanienanbau aufgegeben. Macchia überwucherte Gemüsegärten und Haine, viele Bewohner wanderten ab und die früher schmucken Örtchen verfielen zusehends.

Polyglott 57

ROUTE 2

Den schönsten Blick über die wilde Kastanienlandschaft hat man vom 1767 m hohen *Monte San Petrone. Es gibt zwei Ausgangspunkte für die Gipfelbesteigung: Vom Col de Prato folgt man der roten Markierung bzw. den Steinpyramiden und erreicht nach gut zwei Stunden den Gipfel. Ebenfalls in gut zwei Stunden gelangt man zum Gipfelkreuz, wenn man von dem verlassenen Dorf Campodonico bei Piedicroce dem rot markierten und mit Steinmännchen gekennzeichneten Weg folgt.

Weiter auf der D 71 ist bald der kleine Ort **Campana** erreicht. Ein Aufenthalt lohnt sich allein wegen des Gemäldes „Anbetung der Hirten" in der Kirche Saint-André. Als Künstler vermutet man Francisco de Zurbarán oder einen seiner Schüler. Nach Campana sieht man gleich auf der linken Seite die eingezäunte Ruine des **Couvent d'Orezza**. Das Kloster war einst ein bedeutendes Zentrum des korsischen Freiheitskampfes. Das Franziskanerkloster galt als Symbol des Widerstands gegen Genua, während der Besatzungszeit kam es im Konvent zu entscheidenden Versammlungen. So wurde hier 1751 die korsische Verfassung verabschiedet und dem korsischen Volksführer Gianpetro Gaffori die Macht übertragen.

Das bekannteste korsische Mineralwasser heißt Eaux d'Orezza. Seine Quelle entspringt in **Orezza**. Die Qualität dieses Mineralwassers, mit Spurenelementen und Eisen, war bereits in der Antike bekannt und wurde geschätzt. Die Quelle konnte man besichtigen, an einem Brunnen im Park einen Schluck nehmen, das Wasser wurde auf der ganzen Insel zum Kauf angeboten. Seit 1995 ist die Lizenz für die Mineralwas-

Nationalheld Pasquale Paoli

Korsikas Nationalheld Pasquale Paoli kam 1725 in Morosaglia zur Welt, 1739 ging er nach Neapel, er besuchte die Universität und trat dann in die Armee des Königs von Neapel ein. 1755 wählte ihn die Consulta Korsikas zum capo generale der Korsen, zum General der Nation. Paoli ist bis heute das Symbol des korsischen Nationalstolzes geblieben. Ihm gelang es, fast ganz Korsika von der genuesischen Herrschaft zu befreien und einen Staat mit demokratischen Strukturen zu schaffen. Er gründete in der damaligen Hauptstadt Corte eine Universität, die heute wieder seinen Namen trägt. Doch Paolis Unabhängigkeitsbestrebungen scheiterten. 1769 unterlag er bei Ponte Nuovo im Golo-Tal den Franzosen und mußte 21 Jahre im Londoner Exil verbringen. Im Zuge der Französischen Revolution kehrte er 1790 nach Korsika zurück und versuchte, mit Hilfe der Engländer die Korsen zu befreien. Paoli erlitt erneut eine Niederlage, flüchtete wieder nach London, wo er im Alter von 82 Jahren starb. Er fand zunächst in der Westminsterabtei eine vorübergehende Ruhestätte. Erst 1889, über 80 Jahre später, wurde Paolis Sarkophag nach Morosaglia überführt. Das Haus des Pasquale Paoli in Morosaglia bei La Porta – ein Schild vor dem Ortsausgang weist den Weg zu dem eher unscheinbaren Bau – ist bis heute eine Wallfahrtsstätte für nationalbewußte Korsen. In der kleinen Kapelle im Garten ruhen die sterblichen Überreste des „pater patriae". Die Kapellenwand schmücken zwei Flaggen mit dem Mohrenkopf: Auf einer Flagge trägt der Mohr als Symbol der Sklaverei ein weißes Band über den Augen, auf der anderen ist das Band als Symbol des Freien hoch über die Stirn geschoben. Seit die Ratsversammlung 1762 Pasquale Paoli zum Nationalsymbol erkoren hat, ist er Zeichen des aktiven Widerstands und ziert nunmehr die korsische Flagge.

ROUTE 2

sergewinnung allerdings abgelaufen und muß neu vergeben werden. Bei dieser Gelegenheit macht man sich auch Gedanken über einen Kurort.

Wer hausgemachte Spezialitäten liebt, der sollte eine kleine Pause im Restaurant **Le Refuge** (☎ 04 95 35 82 65, ⑤) in Piedicroce einlegen. Dort kann man auch exzellenten Käse und die für die Castagniccia typische „torta castagnina", einen schmackhaften Kuchen aus Kastanienmehl, Pinienkernen, Mandeln und Rosinen, probieren. Es gibt übrigens auch einige Zimmer zum Übernachten.

Vescovato liegt mitten in der Castagniccia

Hauptattraktion von **Carcheto** im Herzen der Castagniccia ist die barocke Pfarrkirche Sainte-Marguerite mit fünfzehn Kreuzwegstationen, die von einem unbekannten einheimischen Künstler gemalt wurden. Für die männlichen Figuren standen dem Meister offensichtlich Bauern aus der Castagniccia Modell. Die Gestik der Klageweiber erinnert an die auf alten korsischen Stichen.

Weiter auf der D 71 ist gleich der *Col d'Arcarotta* erreicht. Von 819 m Höhe hat man eine schöne Aussicht auf die umliegenden Dörfer. Dann geht es leicht bergab mit Blick auf den **Stausee von Alesani** im gleichnamigen Tal. Der See sorgt mit seinen 11 Millionen Kubikmetern für die Bewässerung der gesamten Ostküste.

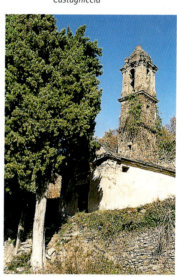

Im Kloster Saint-Antoine wurde Paoli 1755 zum General gewählt

In der Talsenke nahe Piazzali befindet sich das Kloster Alesani. Hier wurde Baron Theodor von Neuhoff, ein westfälischer Adliger, am 15. April 1736 zum König Theodor I. von Korsika gekrönt. Der Gesandte Kaiser Karls VI. hatte in Genua Exilkorsen kennengelernt und versprochen, sie in ihrem Unabhängigkeitskampf zu unterstützen. Er kam auch tatsächlich mit Waffen in Aléria an und wurde zum König gekrönt. Ganze sieben Monate dauerte

Das Mineralwasser von Orezza war schon in der Antike bekannt

Polyglott **59**

seine Herrschaft im Bischofspalast von Cervione, dann ging ihm das Geld aus. Verarmt mußte er fliehen. 1756 verstarb er völlig mittellos in London.

An einem Hang in 300 m Höhe, überragt vom 1109 m hohen Monte Castello, liegt **Cervione** (1400 Einw.). Beim Bummel durch die Gassen fallen vor allem die hohen Häuser und der Bischofspalast aus dem 17. Jh. auf. Cervione war seit Mitte des 16. Jhs. Sitz des Bischofs von Aléria. 1736 residierte in dem Palais der oben erwähnte Glücksritter Neuhoff. Mittelpunkt des Ortes ist die 1580 erbaute und dem hl. Erasmus geweihte *Kathedrale*. Im Inneren der Barockkirche ist vor allem das aus Kastanienholz geschnitzte Chorgestühl sehenswert. Im *Museu Ethnograficu* hinter der Kathedrale erfährt man Wissenswertes zur Geschichte der Castagniccia (🕒 Mo–Sa 10–12, 14.30 bis 18 Uhr).

Von Cervione über den inmitten von Kastanienwäldern gelegenen Ort *San Nicolao* lohnt ein kleiner Abstecher nach **Moriani-Plage**. Der lange Sandstrand, der sich bis Bastia an der Küste entlangzieht, lädt zum Baden ein. An diesem Strand landete übrigens 1755 Pasquale Paoli, um Korsika zu erobern, und hier ging 1815 Napoléon Bonaparte bei seiner Rückkehr von Elba an Land.

❶ Syndicat d'Initiative,
F-20230 Moriani-Plage,
☎ 04 95 38 41 73.

🏠 **La Vallicella**, F-20230 Moriani-Plage, ☎ 04 95 36 99 91,
📠 04 95 36 85 13. Gemütliches Bungalow-Hotel mit Swimmingpool und schönem Garten. 💲

△ **Merendella**, F-20230 Moriani-Plage. ☎ 04 95 38 53 47. 133 Plätze.
🕒 Mitte Mai bis Mitte Okt. Gepflegter, teilweise schattiger Platz südlich des Ortes, Snackbar und Supermarkt.

Folgt man dann der Küstenstraße, ist nach einer knappen Stunde wieder Bastia erreicht.

Route 3

Badespaß und Gaumenfreuden

Bastia – Aléria – Solenzara – *Porto-Vecchio – **Bonifacio (177 km)

Auf dem Weg vom Norden in den Süden bietet diese Tour entlang der Ostküste Badespaß, Gaumenfreuden und ein kleines Dorf mit großer Vergangenheit. Zwischen Bastia und Solenzara erstrecken sich endlos lange Sandstrände, wo im Sommer Hochbetrieb herrscht. Hinter Solenzara wird es an der Küste enger, die Berge reichen bis hinunter ans Meer. Die meisten Orte an der Hauptstraße Bastia-Bonifacio sind nicht besonders attraktiv. Einige können zwar auf eine ruhmreiche Vergangenheit zurückblicken, haben aber im Zuge der modernen, tourismusgerechten Urbanisierung ihren ursprünglichen Charme verloren. Immer wieder gehen von der Hauptstraße Stichstraßen ab, die zum Meer führen, wo sich meist eine Bar, ein Restaurant und ein Surfbrettverleih befindet.

Bis vor wenigen Jahrzehnten stand niemandem an der Ostküste der Sinn nach Spiel, Sport und Spaß, sondern vielmehr nach Flucht vor der Malaria. Für die meisten Hafenorte gab es ein entsprechendes Bergdorf, in das sich die Einheimischen vor der Mückenplage zurückziehen konnten. Mit Hilfe von DDT wurde die Malaria schließlich ausgerottet. Nach 1960 kultivierten die hier angesiedelten Algerienfranzosen mit staatlicher Hilfe Tausende Hektar Land und schufen somit einen der größten Agrarräume Korsikas für den Anbau von Wein und Südfrüchten. Für die Fahrt benötigt man gut und gerne einen Tag.

ROUTE 3

Auf der N193 vorbei an La Canonica (s. S. 56) erreicht man über die N198 den schönen Sandstrand des Badeortes **Moriani-Plage** (s. S. 60). **Prunete** ist ebenfalls eine Urlauberhochburg mit Campingplätzen und Bungalows, dazu gibt es ein breitgefächertes Sportangebot, das von Reiten, Segeln, Surfen bis Tauchen reicht. Durch die Küstenebene führt die N198 weiter zur Lagune **Etang de Diane.** Früher ankerten hier römische Flotten, inzwischen ist der Zugang zum Meer versandet. Nach **Aléria** (s. S. 82) passiert man den **Etang d'Urbino,** berühmt für seine Austern- und Muschelzucht. Der 1841 gegründete Ort **Ghisonaccia** (3300 Einw.), ehemals Schwesterort des Bergdorfes Ghisoni, ist heute bekanntes Zentrum eines Weinanbaugebietes.

❶ Office de Tourisme, Route de la Gare, F-20240 Ghisonaccia,
☎ 04 95 56 01 21.

Solenzara (200 Einw.) mit Jachthafen, Campingplatz und zahlreichen Restaurants ist bei Aktivurlaubern und Nachtschwärmern beliebt. Tagsüber kann man diverse Sportarten ausüben und nachts sich in den Diskotheken vergnügen. Abgesehen vom Touristenrummel hat der Ort wenig zu bieten.

❶ Office de Tourisme, B. P. 22, F-20145 Solenzara, ☎ 04 95 57 43 75.

Abstecher in die korsischen Dolomiten

Für die Weiterfahrt nach Porto-Vecchio eröffnen sich nun zwei Möglichkeiten: entweder entlang der unzugänglichen, felsigen Küste, vorbei an kleineren Urlaubszentren, einigen Sandbuchten und einem Korkeichenwald – oder landeinwärts durch die korsische Bergwelt. Dieser 79 km lange Weg bietet eindrucksvolle Felsnadeln und traumhafte Aussichten. Während der Hochsaison kann es auf den engen und kurvenreichen Straßen allerdings zu kleinen Staus kommen. Die landschaftlich reizvolle Strecke führt von Solenzara

Solenzara an der Ostküste ist ein beliebtes Ferienziel

Blick auf die korsischen Dolomiten vom Col de Bavella

Traumhaft ist die Lage von Porto-Vecchio

ROUTE 3

zunächst durch das Tal des Solenzara-Flusses und erreicht auf kurvenreicher Straße den 608 m hohen *Col de Larone. Schon von hier hat man ein wunderschönes Panorama. Weiter auf der Paßstraße durch das Naturschutzgebiet Forêt de Bavella geht es in engen Kurven zum **Col de Bavella (1218 m), dem schönsten Paß Korsikas. Ist der Blick in östlicher Richtung über die korsischen Dolomiten, auf das in der Ferne schimmernde Meer und die prachtvollen Lariciokiefern nicht einfach überwältigend? Am Bavella-Paß treffen sich die Ausflügler vom Meer und die Wanderer des GR 20 (s. S. 28). Der Wanderweg quer durch Korsika trifft nur viermal auf eine Fahrstraße, davon einmal hier am Col de Bavella.

Hat man sich am Panorama sattgesehen, erreicht man auf der Weiterfahrt das kleine, auf 800 m Höhe gelegene Bergdorf Zonza, ein Treffpunkt für Bergtouristen. Über die *Bocca d'Illarata* kommt man nach L'Ospédale, ein Örtchen inmitten von Kastanienwäldern und bald wieder an die Küste.

Größter Vorteil von *Porto-Vecchio (8100 Einw.) ist seine Lage an einem tief ins Land reichenden, von Korkeichen und Pinien gesäumten Golf. Lange Zeit war die Malaria die Geißel des Ortes. Nach ihrer Ausrottung ging es mit Porto-Vecchio stetig bergauf. Der Hafen, neben Bastia der einzige Handelshafen an der Ostküste, wurde ausgebaut. Die Buchten, die herrlichen Sand- und Felsstrände lockten Urlauber an. Immer noch wächst der Ort in alle Richtungen, ständig entstehen neue Feriendörfer. Die jüngsten Früchte der touristischen Entwicklung sind eine Cité Maritime mit Läden, Wohnungen, Parkplätzen und ein neuer Jachthafen. Porto-Vecchio besitzt wahrlich schöne Strände, so das FKK-Paradies *Pointe de la Chiappa* am südlichen Ende des Golfes, südlich der Halbinsel La Chiappa die *Plage de Palombaggia* – der schönste Strand von Porto-Vecchio und viele sagen von ganz Korsika – mit smaragdfarbenem Wasser, kilometerlangen Sanddünen, beschattet von großen Schirmpinien, und nicht zuletzt die 6 km südlich gelegene Bucht von *Santa Giulia*. An allen Stränden gibt es Sportmöglichkeiten und jede Menge Freizeitangebote.

🛈 Office de Tourisme, Pl. de l'Hôtel de Ville, B. P. 92, F-20137 Porto-Vecchio, ☎ 04 95 70 09 58, 📠 04 95 70 03 92.

🏨 Hotels
Cala Rossa, Route de Cala Rossa, ☎ 04 95 71 61 51, 📠 04 95 71 60 11. Eines der schönsten Hotels der Insel mit einem ausgezeichneten Restaurant und hauseigenem Strand, liegt direkt am Nordufer des Golfes. $$$
Le Moby Dick, Baie de Santa Giulia, B. P. 24, ☎ 04 95 70 70 00, 📠 04 95 70 70 01. Schön gelegen an der Bucht von Santa Giulia auf einer Landzunge. $$$
FKK-Club La Chiappa,
☎ 04 95 70 00 31, 📠 04 95 70 07 70. Ferienklub mit Bungalowanlage am Strand. $$
Le Goeland, La Marine,
☎ 04 95 70 14 15. Ein kleines, einfaches Familienhotel am Ortseingang von Porto-Vecchio. $
△ **U Stabiacciu,** Route de Palombaggia, ☎ 04 95 70 37 17.
◷ April bis Mitte Okt.

🍽 Restaurants
Grand Hotel de la Cala Rossa, Route de la Cala Rossa, ☎ 04 95 71 61 51. Für viele ist das Cala Rossa das beste Restaurant der Insel, besonders die Fischgerichte sprechen dafür. $$$
La Regina, Route de Bastia,
☎ 04 95 70 14 94. Wunderbare frische Meeresfrüchte und eine der umfangreichsten Weinkarten Korsikas. $$$
Le Bistrot du Port, Quai Paoli. Ausgezeichnete Fischgerichte. $
Auberge du Maquis, Ferrucchio, ☎ 04 95 70 20 39. Die richtige Adresse für Fleischliebhaber; hier kann man beim Grillen zuschauen. $

In der Umgebung von Porto-Vecchio kann man zwei torreanische Monumente besichtigen. Über die N 198 in Richtung Solenzara erreicht man 7 km nördlich von Porto-Vecchio auf einem Felssporn über dem Weiler Torre die Fundstätte **Torre**. Das torreanische Bauwerk diente vermutlich als Krematorium. Inmitten dichter Vegetation wurde es in diesem Jahrhundert freigelegt. Ein Großteil der Funde ist im prähistorischen Museum in Sartène ausgestellt.

Das Castellu d'Arraghju – ein Monument der Torreaner

Das **Castellu d'Arraghju**, auf einer 245 m hohen Felskuppe 8 km nordwestlich von Porto-Vecchio gelegen, ist das bedeutendste und eindrucksvollste Monument der Torreaner (s. S. 21).

Das Castell liegt an der Nebenstraße D 559. Von Arraghju führt ein steiler Weg zu der ca. 1400 v. Chr. erbauten Anlage, die erst 1967 ausgegraben wurde. Die Mühen des etwa einstündigen Aufstiegs belohnt eine traumhafte Aussicht. Durch ein hohes Tor betritt man die einstige Festung, die von ca. 4 m hohen Mauern umgeben ist. Noch zu erkennen sind der Hauptraum und drei kleinere Räume, einer davon mit Feuerstelle. Auf der N 198 geht es weiter nach Bonifacio (s. S. 44).

Bis zu zwölf Mal kann eine Korkeiche geschält werden

Naturprodukt Kork

Bei Porto-Vecchio befinden sich die größten Korkeichenwälder der Insel. Kork, dieser vielfältig verwendbare Werkstoff, der bislang durch kein Kunststoffprodukt ersetzt werden kann, ist ein bedeutendes Ausfuhrprodukt Korsikas.

Korkeichen zu schälen ist eine Kunst, die gelernt sein will und von einer Generation an die nächste weitergegeben wird. Nur wer mit einem speziellen Messer den richtigen Ansatzpunkt unterhalb der Baumkrone findet, kann die Rinde mit einem Ruck abziehen. Dort, wo die Rinde entfernt wurde, schimmert das Holz der Korkeichen tiefrot – es scheint, als würden die Bäume richtig bluten.

Alle acht bis zwölf Jahre wird die dicke Rinde geschält, es bildet sich dann wieder eine neue Korkschicht. Bis zu zwölf Mal kann ein Baum geschält werden, mit jeder Schälung erhöht sich die Qualität des Korks. Der beste Kork wird bevorzugt zu Flaschenkorken für den französischen Champagner verarbeitet; aus Kork werden auch Souvenirs oder Baumaterialien hergestellt.

Route 4

Eine Reise in die Vergangenheit

*Ajaccio – **Filitosa – *Sartène – **Bonifacio (159 km)

Die Hügellandschaft des Sartenais im Südwesten der Insel war zur Steinzeit Kerngebiet der damaligen Zivilisation. Davon zeugen heute noch etliche Kultstätten: 6000 Jahre Geschichte sind in Filitosa versammelt, der bekanntesten archäologischen Stätte Korsikas. Das Gebiet um Sartène gilt als charakteristisch für die Insel. Hier findet man die meisten Zeugnisse der Frühgeschichte Korsikas, hier dauerte der Widerstand gegen die Genuesen am längsten. Und in Sartène galt das Gesetz der Blutrache länger als anderswo. Das erste Teilstück bis Sartène ist touristisch voll erschlossen – selbst das Hinterland ist auf gut ausgebauten Straßen einfach zu erreichen. Wenn Sie vorhaben zu baden, sollten sie dies bald tun und nicht bis zum Küstenabschnitt zwischen Propriano und Bonifacio warten. Denn die Südküste ist felsig, meist unzugänglich und dort, wo sie zugänglich ist, hoffnungslos überfüllt. Allerdings kommen hier die Sporttaucher auf ihre Kosten.

Der Ausflug in die Vergangenheit beginnt in Ajaccio, dort folgt man zunächst der N 196 und fährt dann Richtung **Porticcio**. Die Gegend rund um den Badeort mit seinen schönen breiten Stränden und einem umfangreichen Freizeit- und Sportangebot hat sich zu einem wahren El Dorado für Aktivurlauber entwickelt.

❶ Office de Tourisme, Plage des Marines, F-20166 Porticcio, ☎ 04 95 25 07 02.

Ⓗ **Hotel Sofitel Thalassa,** Golfe d'Ajaccio, ☎ 04 95 29 40 40, 📠 04 95 25 00 63. Eine Luxusoase direkt am Meer mit Blick auf die Bucht von Ajaccio. Meerwasserpool, Kurzentrum. Ⓢ))
△ **Mare e Macchia,** Route de Terra-Bella, ☎ 04 95 25 10 58, 📠 04 95 25 13 89. 110 Plätze, Restaurant, Swimmingpoo;, ⓒ März bis Sept.

Vorbei an Sandstränden, einer einladender als der andere – in der Hochsaison leider auch einer voller als der andere – verläßt man dann die Küste und folgt nach der Brücke über den Taravo der D 57. Inmitten eines Olivenhains im Tal liegt **Filitosa, die bedeutendste und berühmteste prähistorische Ausgrabungsstätte mit der ersten realistischen Darstellung von Menschen in Europa. Erst im Jahre 1957 wurden diese hochinteressanten Relikte der Megalithkultur Korsikas (s. S. 20) entdeckt. Einen Rundgang sollte man auf den Vormittag oder den frühen Abend legen, denn dann erkennt man aufgrund der flachen Sonneneinstrahlung die steinernen Gesichtszüge der Menhire besonders gut. Das Wort Menhir kommt übrigens aus dem Bretonischen und bedeutet „Langstein" (men = Stein, hir = lang).

Die unterschiedliche Bearbeitung der Statuen läßt auf verschiedene Entwicklungsphasen schließen, allerdings befinden sich die Menhire nicht mehr in ihrer Originalposition. Die Statuen waren von den Torreanern teilweise zerstört und als Baumaterial zweckentfremdet worden – die gesamte Anlage ist im Grunde in eine torreanische Festung verwandelt worden. Zu Beginn schlugen die Steinzeitmenschen einfache, drei bis vier Meter hohe Menhire, die nächste Stufe war eine Stele in menschlicher Gestalt. Mit der Zeit arbeiten sie immer deutlicher Gesichter mit faszinierender Ausdruckskraft heraus. Gegen Ende des zweiten Jahrtausend v. Chr. drangen Feinde nach Korsika vor, was sich auch in den Menhi-

ROUTE 4

ren – in der Folge mächtige, drohende, bewaffnete Gestalten – wiederspiegelt. Der Menhir Filitosa V am Eingang des Freilichtmuseums mit ausgeprägten Gesichtszügen, Schwert und Dolch etwa ist eine der am stärksten bewaffneten Figuren, Filitosa IX beeindruckt durch den ausgearbeiteten Rücken, Gesicht und Rückenpartie von Filitosa VI sind ausgesprochen sorgsam modelliert, Filitosa XI ist Schwert-, Filitosa XIII gar Bartträger. Richtung Tal stehen fünf Menhire, die unbeschädigt in der Nähe gefunden wurden und deutlich Gesicht, Waffen und Rücken zeigen. Im angeschlossenen Museum am Ausgang sind Bruchstücke von Menhirstatuen, einige weitere Fundstücke sowie Informationstafeln und Fotografien zu sehen (◷ tgl. 10 Uhr bis Sonnenuntergang).

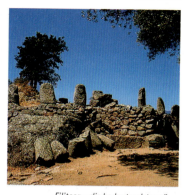

Filitosa – die bedeutendste prähistorische Ausgrabungsstätte

Weiter auf der D 157 erreicht man das Seebad **Propriano** (3000 Einw). Das ehemals kleine Fischerdorf mit einigen schlichten Häuschen hat sich zu einer modernen Urlauberhochburg mit schönen Stränden und einem breitgefächerten Freizeitangebot entwickelt. Exklusive Hotels, Feriendörfer und Privatvillen, eine Mole für Fährschiffe und sogar einen kleinen Flughafen gibt es hier. Rund um die *Punta de Campomoro* und die *Punta de Porto Pollo* vergnügen sich bevorzugt Taucher. **U Levante** (☏ 04 95 76 23 83) am Jachthafen bietet Tauchkurse an.

Die Menhirstatuen dienten vermutlich als Grabmonumente

❶ Syndicat d'Initiative,
17, rue Général-de-Gaulle,
F-20110 Propriano,
☏ 04 95 76 01 49.

✈ Ajaccio, Bastia, Calvi.
⛴ Marseille, Toulon, Nizza.

🏨 **Grand Hotel Miramar,**
Route de la Corniche,
☏ 04 95 76 06 13,
📠 04 95 76 13 14. Hotel mit Traumblick auf den Golf von Valinco, diverse Sportmöglichkeiten und kostenloser Fahrradverleih. ⓢ⟩⟩

Am Golf von Valinco sind alle Wassersportarten möglich

ROUTE 4

Arcu di Sole, Olmeto,
☎ 04 95 76 05 10, 📠 04 95 76 13 36.
Ein komfortables Familienhotel etwas außerhalb des Ortes. ⓢ
⚠ **Tikiti**, F-20110 Propriano,
☎ 04 95 76 08 32, 📠 04 95 76 18 25.
100 Plätze, ganzjährig geöffnet.

🏠 **La Rascasse**, Route des Pecheurs,
☎ 04 95 37 06 99.
Spezialisiert auf Fischgerichte, doch auch für Fleischliebhaber ist etwas dabei, z. B. Zicklein. ⓢ
Le Miramar, Route de la Corniche,
☎ 04 95 76 06 13. Hier kann man in einer Traumlage über dem Golf von Valinco gut essen – und auch übernachten. ⓢ
La Source, Olmeto, N 196 Richtuung Ajaccio, ☎ 04 95 74 61 18. Korsische Spezialitäten und ein wunderbarer Blick über den Golf von Valinco. ⓢ

Nach Propriano führt die N 196 durch das Tal der Rizzanèse. Vor der Einmündung der D 268 in die Hauptstraße passiert man die Menhire „U Frate e a Suora" („Mönch und Nonne"). Der Legende nach wurden die beiden Diener Gottes versteinert, weil sie als Liebespaar aus dem Kloster von Sartène geflüchtet waren.

Folgt man der D 268 weiter Richtung *Levie*, erreicht man „Spin'A Cavallu" („Pferderücken"), den schönsten der genuesischen Brückenbogen (13. Jh.).

Am Rande eines Waldes bei Levie ist das **Castellu di Cucuruzzu**, eine Siedlungsstätte der Torreaner aus dem 2. Jh. v. Chr. zu besichtigen, die erst in den 60er Jahren ausgegraben wurde. Vom Parkplatz bei Levie führt ein ca. 15 minütiger Fußweg zu dem aus einer Festung mit einer hohen Umfassungsmauer, einem Kultmonument und einem torreanischen Dorf bestehenden gigantischen Komplex (🕐 15. März bis 15. Okt. tgl. 9–12, 14–18 Uhr). Die imposante Anlage wurde 1994 vom französischen Ministerium für Tourismus mit dem Preis „Bravos de l'Accueil" ausgezeichnet.

Fozzano und die Vendetta-Novelle „Colomba"

Prosper Mérimée (1803–1870) hat mit seiner 1840 erschienenen Novelle „Colomba" die Vendetta, den grausamen Brauch der Blutrache, weit über die Grenzen der Mittelmeerinsel hinaus bekannt, und das kleine Dorf Fozzano in der Nähe von Propriano berühmt gemacht. Eigentlich hatte der Schriftsteller – seit 1831 Kabinettssekretär des Ministers d'Argout und Inspektor der historischen Denkmäler – lediglich ein Verzeichnis der Denkmäler der Insel anlegen sollen, als er 1839 von Paris nach Korsika geschickt worden war. Außer der 1840 erschienenen Beschreibung seiner Reise durch Korsika „En Corse" schrieb er die Geschichte der „Colomba", einer verbitterten Frau Ende 50, durch deren Rachegelüste aufgrund einer Bluttat vier junge Männer der verfeindeten Durazzi-Sippe sterben mußten. In der Novelle wurde sie allerdings zu einer jungen Schönheit stilisiert – wohl nach dem Vorbild ihrer 16jährigen Tochter. Colomba Carabelli (verheiratete Bartoli) starb 1861 mit 86 Jahren in Olmeto. Ihre sterblichen Überreste ruhen in einer kleinen Kapelle am Hang über dem Dorf, in einer weiteren Kapelle oberhalb des Dorfes ruhen die Angehörigen der Durazzi. Das Haus der Rächerin in Fozzano steht noch heute: Hinter dem kleinen Platz sieht man drei Wehrtürme, einer davon wurde von Colomba bewohnt. Spaziert man durch das kleine Dorf mit den festungsartigen Turmhäusern, fällt es nicht schwer, sich in die düstere Zeit der Vendetta zurück zu versetzen. In einigen Antiquariaten kann man mit ein wenig Glück noch ein Exemplar der deutschen Übersetzung von Prosper Mérimées Novelle von Laun aus dem Jahr 1872 finden.

ROUTE 4

Im *Musée Archéologique* von Levie (🕒 Sommer Di–So 10–19 Uhr, Winter 10–12, 14–16 Uhr) sind archäologische Fundstücke aus dem Präneolithikum und Neolithikum zu sehen.

❶ Office de Tourisme, Rue Sorba, B. P. 01, F-20170 Levie, ☎ 04 95 78 41 95.

Hoch über dem Tal liegt *Sartène (3200 Einw). Dem versumpften Flußtal drohte die Malaria, und die Angst vor den Seeräuberüberfällen war groß, daher wählte man als Standort für die Stadt Sartène eine Hanglage in 300 m Höhe über dem Rizzanèse-Tal. Der schwärzeste Monat in der Stadtgeschichte Sartènes war der Mai 1583: Algerische Seeräuber landeten im Golf von Valinco, sie überfielen die Stadt, plünderten sie und verschleppten Hunderte von Einwohnern in die Sklaverei.

Das Castellu di Cucuruzzu war eine Siedlung der Torreaner

Die abgelegene Stadt mit ihren von hohen Häusern gesäumten engen und düster wirkenden Gassen, wo das Gesetz der Vendetta länger als anderswo herrschte, wurde von Prosper Mérimée als korsischste aller korsischen Städte bezeichnet. Hier gab es lange Zeit keine Kanalisation, was hygienische Probleme und zahlreiche Krankheiten nach sich zog. Das Sartène von heute versucht, irgendwo zwischen Tourismus und Tradition seinen Weg zu finden.

Genuesenbrücke über den Rizzanèse bei Sartène

Auf der *Place de la Libération* wurden früher die Kämpfe der verfeindeten Familien ausgetragen. Heute laden hier Cafés zu einer Pause ein, bevor man zu einem Bummel durch die verwinkelte Altstadt mit ihren steilen Stufen, holprigem Pflaster und festungsähnlichen Wohngebäuden startet. Einmal im Jahr, am Karfreitag, wird das Mittelalter in Sartène wieder lebendig. Hat man nicht die Möglichkeit, das Catenacciu-Schauspiel (s. S. 68) mitzuerleben, kann man in der Kirche Sainte-Marie an der Place de la Libération zumindest das

Berühmt ist Sartène für seine Karfreitagsprozession

Polyglott **67**

32 kg schwere Kreuz und die Eisenketten sehen, die der bemitleidenswerte Büßer des Catenacciu bei der Karfreitagsprozession durch die engen Gassen tragen muß. Von der Citadelle steht nur noch der *Echauguette-Wachturm* (12. Jh.). Im *Musée de Préhistoire Corse* an der Rue Corse sind frühgeschichtliche Gebrauchsgegenstände und Grabbeigaben aus der Zeit zwischen 6000 und 500 v. Chr. zu besichtigen, das Museum ist gleichzeitig das archäologische Forschungszentrum der Insel (Sommer Mo-Sa 10-12, 14-18 Uhr, Winter 10-12, 14-17 Uhr).

❶ Office de Tourisme, rue Borgo, F-20110 Sartène, ☎ 04 95 77 15 40.

Villa Piana, Route de Propriano, ☎ 04 95 77 07 04, 📠 04 95 73 45 65. Gemütliches Hotel im Landhausstil, ohne größeren Komfort mit schönem Blick auf Meer und Berge, Tennisanlage. Ⓢ

L'Avena Arepos, Route de Tizzano, ☎ 04 95 77 02 18. 200 Plätze. Ende Mai bis Sept.

La Chaumière, 39, rue du Capitain-Benedetti, ☎ 04 95 77 07 13. Kleines Lokal nahe dem Hauptplatz, wo man zu guten Weinen die traditionelle Sartèner Küche wie z. B. Suppen und Eintöpfe probieren kann. Ⓢ

Ausflüge von Sartène

Nur 15 km von Sartène entfernt finden sich in einsamer Landschaft drei Zeugen der Megalithkultur auf engstem Raum: Man fährt die D 48 Richtung Tizzano, ein beliebtes Badeziel an einer geschützten Bucht, und folgt dem Wegweiser „Cauria". Nach ca. 1 km stellt man das Auto am Hinweisschild **„Alignement de Stantari"** ab und besichtigt die 20 stehenden und umgestürzten Menhire, die erst in den 60er Jahren freigelegt wurden. Folgt man dem ausgeschilderten, ca. 1 km langen Fußweg in südlicher Richtung, so erreicht man das **Alignement de Renaggiu**, zwei Reihen umgestürzter Menhire, die ca. 3500 Jahre alt sind.

Zum wuchtigen **Dolmen von Fontanaccia**, dem schönsten und besterhaltenen der Insel, kommt man nach einem kurzen Fußmarsch durch die Macchia, der bei *Stantari* (Hinweisschild) beginnt. Das Steingrab besteht aus sieben hochgestellten Granitsteinen, auf denen eine fast dreieinhalb Meter lange Deckplatte liegt.

Catenacciu-Kult in Sartène

Jeden Karfreitagabend gegen 21.30 Uhr wird Sartène zur malerischen Bühne eines mittelalterlichen Schauspiels: Ein Büßer mit rotem Umhang und Kapuze trägt nach einer zweitägigen Klausur im Kloster Saint-Damien ein 32 kg schweres Holzkreuz durch die Stadt. Mit einer 14 kg wiegenden Eisenkette an den nackten Füßen schleppt er sich betend durch die Gassen, gefolgt von einer Prozession. Er wird begleitet von zehn schwarzgewandeten Totenbrüdern, die eine Christusfigur aus Holz tragen. Dem roten Büßer zur Seite steht ein ebenfalls anonymer weißgekleideter Büßer, der den Schuster Simon symbolisiert. Wenn der Catenacciu, der Gekettete, unter der Last des Kreuzes fällt, kommt ihm der weiße Büßer zu Hilfe. Der Brauch soll zum einen den Leidensweg Christi vor Augen führen, zum anderen einem wahrhaftigen Büßer die Möglichkeit geben, Abbitte zu leisten oder ein Gelöbnis zu erfüllen. Die wahre Identität des Geketteten, der aus der Gegend um Sartène stammt und sich freiwillig für die Karfreitagstortur meldet, kennt nur der Priester. Offenbar besteht in Sartène großer Bußbedarf, denn die Prozessionen sind auf Jahre hinaus ausgebucht.

ROUTE 4

Etwas suchen muß man die mit „Menhir" beschilderte Zufahrt zum *Alignement de Palaggiu nahe der D 48. Die Mühe wird belohnt, denn auf den Besucher wartet die größte Menhir-Ansammlung des Mittelmeerraumes. Die 258 Granitmonolithen, die hier in sieben Gruppen stehen oder liegen, stammen aus der Zeit um 1900–1000 v. Chr. Einige sind mit Waffendarstellungen versehen.

Die Dolmen (hier Fontanaccia) waren einst Grabkammern

Das Gebiet zwischen Sartène und Bonifacio ist relativ dünn besiedelt. Kurz vor Bonifacio ist der meistfotografierte Felsen Korsikas, der **Rocher du Lion** („Fels des Löwen"), zu bewundern. Die Ähnlichkeit des rosafarbenen Granitgebildes mit einem Löwen ist verblüffend. Ihm zu Füßen liegt eine wunderschöne Bucht mit weißem Strand und smaragdfarbenem Meer. Man erreicht sie über eine holprige Straße, die an der **Auberge Coralli** beginnt. Die beiden kleinen Siedlungen *Pianotolli* und *Caldarello* sind die einzigen Orte an der Hauptstraße zwischen Sartène und Bonifacio. Caldarello bedeutet „etwas heiß", und so war der kleine Ort früher nur im Winter bewohnt, im Sommer zogen sich die Bewohner ins höher gelegene Landesinnere zurück. Inzwischen gibt es hier einige Feriensiedlungen, in der Nähe des ehemaligen Genuesenturms locken schöne Sandstrände.

Zu Füßen des Rocher du Lion liegt ein wunderbarer Strand

Der 1217 m hohe Granitstein *Omo di Cagna („Mann von Cagna"), die letzte Attraktion im Süden Korsikas vor Bonifacio (s. S. 44), ist eines der bemerkenswertesten Exemplare der während der Eiszeit geschliffenen Felsen. Das riesige, 400 Tonnen schwere Steingebilde steht auf einer Fläche von nur einem Quadratmeter und diente früher den Seefahrern als Orientierungspunkt, wenn sie die Meerenge zwischen Sardinien und Korsika passierten. Von dem kleinen Bergdorf *Gianucciu* kann man in 3 Stunden die *Montagne di Cagna* erklimmen und den Omo di Cagna aus der Nähe betrachten.

Der Granitstein Omo di Cagna – markanter Orientierungspunkt

Polyglott 69

Route 5

Die Faszination des steinernen Märchenwaldes

*Ajaccio – **Les Calanche – *Porto – Calvi (163 km)

Wenn die untergehende Sonne die wild gezackte Felslandschaft östlich von Piana rot färbt, wird man Zeuge eines Naturschauspiels, das man wohl kaum mehr vergißt. Gesteinsverwitterungen, die in den Felsen Tafoni – Höhlen und Löcher – hinterlassen haben, scheinen sich in Ungeheuer, Obelisken und Pyramiden zu verwandeln. Und wenn dann das Abendlicht den steinernen Märchenwald der Calanche verzaubert, wächst der Wunsch, jeden Abend wiederzukommen und das Schauspiel erneut zu genießen. Es gibt drei Möglichkeiten, sich dieser wilden Felsenlandschaft zu nähern: Über die kurvenreiche Küstenstraße von Calvi, über den Col de Vergio im Landesinneren und über die Küstenstraße von Ajaccio über Cargèse, eine kurvenreiche Straße mit einigen Park- bzw. Fotografiermöglichkeiten am Wegesrand. Ein Höhepunkt dieser Fahrt, für die man – sofern man keine ausgedehnte Badepause einlegt – einen Tag einplanen sollte, ist Porto, das schönste Dorf der Westküste am blauen Golfe de Porto.

Die Tour durch Korsikas Zauberlandschaft beginnt in Ajaccio auf der N193 Richtung Corte/Bastia. Hinter *Mezzavia* biegt man links auf die D 81. Man kommt zum *Col de Listincone* und weiter zur *Bocca di San Bastiano*. In weiten Kehren und mit einem schönen Blick auf den Golfe de Sagone führt die Straße ins Liscia-Tal hinab.

Die *Cinarca*, das Tal des Liscia-Flusses, durch Bergketten gut geschüzt, ist für den Westen das, was die Balagne für den Norden ist: eine Art Gemüsegarten, eine Landschaft mit Obst-, Gemüse- und Weinanbau. Die Orte der Cinarca sind schön gelegen, die Straße auf dieser Strecke ist allerdings ziemlich schmal und kurvenreich. Von **Calcatoggio** hat man einen traumhaft schönen Blick auf den Golf von Liscia und den Golf von Sagone.

Auf einem Fels über **Tiuccia** liegt die Ruine der Festung *Capraja* der Grafen der Cinarca, von welcher aus sie einst die Gegend beherrschten. Während sich Genua und Pisa um die Vorherrschaft auf Korsika stritten, gelang es dem Grafen Colonna um 1200, außer Bonifacio fast die ganze Insel zu unterwerfen. Als er aber versuchte, die beiden Mächte gegeneinander auszuspielen, wurde er von Korsika verbannt.

Um die Punta Capigliolo herum, vorbei an einladenden Sandstränden erreicht man **Sagone** (300 Einw.) am gleichnamigen Golf. Dieser umfaßt die Mündungsbereiche einiger im Gebirge entspringender Flüsse und gliedert sich in mehrere Buchten. Da die Küstengebiete wegen der Gefahr durch Sarazenenüberfälle, Überschwemmungen und Malaria lange nicht besiedelt waren, ließen sich die Bewohner primär im Hinterland nieder. Sieht man das heutige Sagone, kann man sich nur schwer vorstellen, daß es eine ruhmvolle Vergangenheit hatte. Sagone ist eine der ältesten Siedlungen der Insel, war im 6. Jh. eine blühende Stadt, später eine bedeutende Hafenstadt mit Bischofssitz. Nur noch die Ruinen der Kathedrale (12. Jh.) und ein Genuesenturm an der Straße Richtung Cargèse erinnern an diese glorreichen Zeiten, die durch Sarazenenüberfälle und eine Versumpfung des Gebiets im 16. Jh. ein Ende fanden. Nach der Trockenlegung der Sümpfe wurde Sagone zu einer eher gesichtslosen Siedlung, mit Ferienappartements, Hotels und einem breiten Sandstrand.

ROUTE 5

ⓘ Office de Tourisme,
Immeuble Les Mimosas,
F-20118 Sagone,
☎ 04 95 28 05 36.

🚌 Ajaccio, Porto, Evisa.

🏨 **U Libbiu,** F-20118 Sagone,
☎ 04 95 28 06 06,
📠 04 95 28 06 23. Familienfreundliches Hotel inmitten der korsischen Berglandschaft, aber auch Strand und Ortszentrum sind nicht weit. Ⓢ

🏨 **L'Ancura,** am Jachthafen,
☎ 04 95 28 04 93. Auf der Terrasse kann man Langusten und diverse Fischgerichte genießen. Ⓢ

An der Küste bei Cargèse

Am Nordende des Golfs von Sagone liegt *Cargèse (900 Einw.), ein Fischerdorf, das mittlerweile vorwiegend vom Tourismus lebt. 1676 gaben die Genuesen Griechen, die vor den Türken geflüchtet waren, Land und gestatteten ihnen die Gründung von Paomia, einer Siedlung ca. 5 km nordöstlich von Cargèse. Zwischen den Griechen und den Einheimischen entwickelten sich alles andere als freundschaftliche Beziehungen. Der erste große Zwischenfall ereignete sich 1731, als die griechischen Neuankömmlinge aufs Meer zurückgedrängt wurden. 1770, Korsika war inzwischen französisch, konnten die Griechen mit Unterstützung durch den Gouverneur wieder zurückkehren und 1774 Cargèse gründen. Auch in den folgenden Jahren gab es Auseinandersetzungen zwischen Griechen und Korsen. Demonstrativ gegenüber stehen sich die römisch-katholische (18. Jh.) und die 1852 begonnene griechisch-orthodoxe Kirche mit griechischen Ikonen, darunter ein Bild von Johannes dem Täufer, das im 16. Jh. am Berg Athos entstand. Mit seinen weißgetünchten Häusern, bunten Fensterläden, Palmen und Terrassen voller Blumen unterscheidet sich Cargèse auch

In Cargèse erinnert vieles an die griechischen Vorfahren

Piana – Treff vieler Künstler

ROUTE 5

heute noch von den übrigen Orten auf Korsika. Viele Bewohner tragen einen Namen, der auf -opolo oder -acci endet, ein Hinweis auf ihre griechischen Vorfahren.

❶ Rue du Docteur-Dragacci,
F-20130 Cargèse, ☎ 04 95 26 41 31.

🚌 Ajaccio, Porto.

🏨 **Les Lentisques,** Plage du Péro,
☎ 04 95 26 42 34. Einfaches Hotel in Strandnähe inmitten eines großen Parks. $

⛺ **Torraccia,** Càrgese,
☎ 04 95 26 42 39. 66 Plätze;
🕐 1. Juni bis 30. Sept.

🏨 **Bel Mare,** Càrgese,
☎ 04 95 26 40 13. In dem Restaurant am Ortseingang wird bodenständige Küche serviert. $

Folgt man der D 81 weiter, passiert man *Pont de Chiuni.* Dann wird die Straße steiler, steigt bis zum Col de San Martino an. Über die Bocca di Lava erreicht man **Piana** (600 Einw.), ein kleines Dorf, das sich immer mehr zu einem Künstlertreffpunkt entwickelt. In 434 m Höhe malerisch über dem Golf von Porto gelegen ist es ein guter Ausgangspunkt für Wanderungen durch die Calanche mit ihren spektakulären Felsen.

Willkommen im Märchenwald aus Stein! Die ****Calanche,** das sind bizarre Felsformationen, monströse Gebilde roten Porphyrgesteins in einer Landschaft mit Flüssen und grünen Weiden. Wind, Sonne und Regen formten aus den Gesteinsschichten diese eigenartigen Gebilde mit Löchern und Spalten. Die Felsen tragen so blumige Namen wie „Herz der Verliebten". Bei einigen kann man gar menschliche oder animalische Züge erkennen. So erklären sich deren Bezeichnungen „Bischof", „Adler", „Schildkröte" oder „Hundekopf". Einer Legende zufolge soll die Felsenwelt ein Werk des Teufels sein. Dieser habe sich, so sagt man, in ein schönes Hirtenmädchen verliebt, wurde aber zurückgewiesen. Der Teufel habe vor Wut die bizarren Felsformationen aus dem Boden gestampft. Auf verschiedenen Wanderwegen bieten sich herrliche Ausblicke auf die Calanche, so. z. B. auf dem beliebten Weg zur Burg (Le Château fort), der beim „Hundekopf" abzweigt (1 Std.) oder auf dem mit blauen Punkten markierten Höhenweg, der bei einer Marienstatue an der D 81 beginnt (ca. 1 Std.).

Wenn Sie sich den steinernen Märchenwald vom Meer aus ansehen, einen Blick auf das Naturschutzgebiet ****La Scandola** werfen und sich zwischendurch im klaren Wasser erfrischen möchten, sei ein Tagesausflug per Schiff von Sagone (s. S. 70) aus empfohlen. Vom Hafen des Ortes startet von Anfang Mai bis Ende September täglich um 8.30 Uhr ein Ausflugsboot zum Scandola-Naturschutzgebiet. In dem kleinen Ort Girolata (s. S. 73) ist Zeit für eine zweistündige Mittags- und Badepause, gegen 17 Uhr kehren die Ausflügler nach Sagone zurück. Aktuelle Informationen erhält man bei **Promenades en mer Renaldo,** F-20130 Cargèse, ☎ 04 95 26 46 10 oder 04 95 26 41 10.

Zwischen den Steilwänden der Calanche hinter Piana geht es weiter zum Badeort ***Porto** (350 Einw.), der am ****Golfe de Porto** liegt, umrahmt von baumbewachsenen Hängen und steilen Felswänden. Das Farbenspiel der Felsen, das azurblaue Meer und die Vegetation bilden einen faszinierenden Kontrast. Die UNESCO zählt den Golf aus gutem Grund zu den Naturdenkmälern der Welt.

Porto ist ein beliebter Ferienort mit unzähligen Sportmöglichkeiten. Seine Vorzüge haben sich mittlerweile schon so herumgesprochen, daß der kleine Ort und seine schönen Badestrände im Sommer vollkommen überlaufen sind. Das Wahrzeichen von Porto ist ein der Küste vorgelagerter genuesischer Wachturm.

❶ Office de Tourisme, La Marine,
F-20150 Porto, ☎ 04 95 26 10 55.

ROUTE 5

🚌 Ajaccio, Calvi, Evisa.
⛴ Les Calanche, Girolata, Galéria, Calvi (nur im Sommer).

🏨 **Kallisté,** Marine de Porto,
☎ 04 95 26 10 30. Portos Luxushotel mit schönen Zimmern und einer Panoramaterrasse mit Bar. $
Beau Séjour, ☎ 04 95 26 12 15. Zimmer teilweise mit Balkon, kleine Pizza-Snackbar. $

🏨 **Le Romantique,** Marine de Porto,
☎ 04 95 26 10 85. Auf der kleinen Terrasse mit Blick aufs Meer kann man leckere Fischgerichte essen. $

Von Porto lohnt sich ein Bootsausflug nach *Girolata (1 Std. von Porto). Das denkmalgeschützte Fischerdörfchen im Golf von Girolata nördlich von Porto besteht nur aus einer Handvoll Häuser, Bars, Restaurants, der gleichnamigen, von Eukalyptusbäumen eingerahmten Bucht und einer Zitadelle – und ist zur Hochsaison täglich für einige Stunden von Touristen belagert, die leckere Fischgerichte und ein Sonnenbad am Strand genießen. Girolata liegt im Naturpark *Parc Naturel Régional de la Corse* und kann nicht mit dem Auto angefahren werden. In den Klippen der Halbinsel *Scandola* westlich von Girolata nisten Kormorane, Wanderfalken, Sturmmöwen und die in Europa seltenen Seeadler.

Die Küstenstaße D 81 führt in den 300 Seelen zählenden Badeort **Galéria** mit weitem Kieselstrand (33 km). Besonders Taucher und Surfer werden hier ihre Freude haben. Das malerische **Fango-Tal,** das vom Golf von Gáleria bis zum Paglia Orba reicht, bietet ausgezeichnete Wandermöglichkeiten durch den Wald oder entlang dem Fango, der oft ausgetrocknet ist. Bei Schneeschmelze kann er sich allerdings in einen reißenden Fluß verwandeln. Über die Küstenstraße mit schönem Blick auf das Meer und über den Col de Bassa kommt man nach **Argentella,** einem Badeort mit Kieselstrand. Vorbei an der Halbinsel Revellata erreicht man dann Calvi (s. S. 48), den Endpunkt dieser Tour.

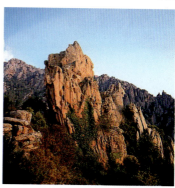

Einem Märchenwald aus Stein gleichen die Felsen der Calanche

Der Golf von Porto zählt zu den Naturdenkmälern der Welt

Wasserfall in der Calanche

Polyglott

Route 6

Eine Bahnfahrt, die ist lustig ...

*Ajaccio – *Corte – Bastia (154 km)

Die landschaftlich eindrucksvolle Tour von Ajaccio nach Bastia kann man entweder mit dem Auto oder mit der Bahn machen. Schroffe Bergwelt und palmengesäumte Strandidylle, traumhafte Ausblicke und atemberaubende Streckenführung – eine Fahrt mit der korsischen Schmalspurbahn durch das Inselinnere ist ein ganz besonderes Reiseerlebnis. Die Bahn erklimmt steile Höhen, führt über Täler, durchdringt die Bergwelt im Tunnel und überwindet scheinbar mühelos Steigungen von bis zu 30 %. Der Höhepunkt ist die Überquerung des 140 m langen Viadukts über die Schlucht des Vecchio hinter Vernaco, von Eiffelturmkonstrukteur Gustave Eiffel erbaut. Fast so interessant wie die Strecke ist auch das bunte Kaleidoskop der Mitreisenden: Rucksacktouristen, die nach einer Wanderung durch die korsischen Berge einsteigen, Mountainbiker, die – sobald es bergab geht – mit ihrem Bike aussteigen und auf zwei Rädern weiterfahren und Korsen, die vollbepackt Verwandte in Bastia besuchen.

Die Fahrt kann mitunter unruhig werden, da die Triebwagen auf den kurvenreich verlegten Gleisen ziemlich durchgerüttelt werden. Die Korsen nennen ihre Gebirgsbahn auch liebevoll „Micheline", der Spitzname soll auf einen gewissen Monsieur Miccelino zurückgehen, der ein Stück fehlender Gleise sechs Jahre lang mit seinem Fuhrwerk ersetzte. Schiene und Straße verlaufen übrigens beinahe parallel. Die knapp vierstündige Zugfahrt hat gegenüber der Autofahrt einen ganz entscheidenden Vorteil: Auch der Fahrer kann sich zur Abwechslung mal zurücklehnen und genießen und muß sich nicht auf die Straße konzentrieren. Wenn Sie die landschaftlichen und kulturhistorischen Sehenswürdigkeiten in aller Ruhe erkunden und sich ausgiebige Essenspausen gönnen wollen, sollten Sie für die Autotour zwei Tage einrechnen.

Wer sich für eine Autotour entscheidet, fährt von Ajaccio auf der N 193 Richtung Bocognano. Vor der Abzweigung nach Tavera (27 km), wenige Minuten von der Hauptstraße entfernt, steht der über 2 m große **Menhir von Tavera** aus der letzten Phase des korsischen Megalithikums mit deutlich ausgearbeitetem Gesicht und Ohren.

Bocognano (600 Einw.) ist ein kleiner Gebirgsort, der inmitten von Pinien- und Kastanienwäldern, überragt von den Steilwänden des Monte d'Oro und des Monte Renoso, liegt. Im 19. Jh. war das Dorf berühmt-berüchtigt für sein Banditenversteck Pentica. Die rauhe Bergwelt war das Reich der Ganovenbrüder Antoine und Jacques Bonelli, die trotz hoher Belohnung lange nicht gefaßt werden konnten. Im Krieg von 1870 schlug der korsischen Kompanie die große Stunde der rebellischen Brüder, deren Scharfschützenkunst gefragt war und sie in ganz Europa berühmt machte. Heute ist Bocognano ein Erholungsort, als Sehenswürdigkeit hat er lediglich den 100 Jahre alten Bahnhof aufzuweisen. Von dem Gebirgsdorf kann man Wanderungen unternehmen, beispielsweise von der D 27 aus zur *Cascade du Voile de la Mariée*, zum Brautschleierwasserfall (ca. 1 Std.).

🚆 Ajaccio, Corte, Ponte Leccia, Bastia, Calvi.
🚂 Ajaccio, Vizzavona, Venaco, Corte, Ponte Lecchia, Bastia.

Das Hochgebirgstal von Asco

Der Col de Vizzavona ist mit 1163 m der höchste Punkt der Strecke, dann führt die Straße durch den Wald von Vizzavona. Kurz hinter Vivario kommt schon der **Pont du Vecchio,** die 140 m lange, waghalsige Konstruktion von Gustave Eiffel in Sichtweite. Die Eisenbrücke überspannt das Tal in 80 m Höhe. Über den Col de Bell erreicht man Corte, das Herz Korsikas (s. S. 79)

In **Ponte Leccia** (1400 Einw.) ist es einfach ein Muß, den schmackhaften und berühmten korsischen Käse Brocciu zu probieren, der hier hergestellt wird.

Ponte Leccia ist außerdem ein bedeutender Verkehrsknotenpunkt. Hier teilt sich die Bahnlinie: Östlich führt sie nach Bastia, westlich nach L'Ile Rousse und Calvi. Die sogenannte Balange-Linie führt ab L'Ile Rousse an der Küste entlang, vorbei an traumhaften Buchten, die zu einer Badepause einladen. Deshalb sollte zum Reisegepäck unbedingt die Badesachen gehören. Außerhalb der Saison hält der Zug nur an drei Bahnhöfen, im Sommer gibt es jedoch 17 weitere Haltestellen.

Ausflug ins *Asco-Tal

Von Ponte Leccia lohnt sich der 33 km lange Abstecher nach Haut-Asco, das Herz des Cinto-Massivs. Das Hochgebirgstal war noch bis vor wenigen Jahrzehnten von der Außenwelt abgeschnitten. Die Verbindungsstraße D 174 nach Asco wurde 1937 fertig, die Verbindung zum heutigen Wintersportzentrum Haut-Asco erst 30 Jahre später. Das Tal ist zu Beginn relativ breit, verengt sich dann auf einer 9 km lan-

Von Schafen und Schafhirten

Der Beruf des Schafhirten wurde jahrhundertelang vom Vater an den Sohn weitergegeben. Seit einigen Jahren macht sich jedoch Nachwuchsmangel bemerkbar. Aufgrund des höheren Bildungsstandes haben immer weniger Söhne Lust auf die traditionelle Karriere vom jungen Helfer zum selbständigen Hirten. Gäbe es ausreichend andere Verdienstmöglichkeiten, würde das korsische Hirtentum wohl über kurz oder lang der Vergangenheit angehören.

Das Leben eines Hirten ist einsam. Zwischen Mai und September ist er mit seiner Herde in den Bergen, auf Hängen und in Wäldern unterwegs. Im Oktober erfolgt der Abtrieb der Herden in die Tiefebenen. Mitgenommen wird nur das Nötigste: die Flinte, das Hirtenmesser, ein Aluminiumtopf, Mehl, Zucker, Salz und Wein. Die Wahl des Standortes ist eine der wichtigsten Aufgaben eines Hirten, denn die Weiden stecken voller Gefahren: Zuviel Sonne läßt die Schafe verdursten, feuchte Plätze vertragen die Tiere nicht, und wo viel Schatten ist, ist meist auch viel Feuchtigkeit. Taufrisches Gras führt zu Koliken, kühler Fallwind aus den Bergen läßt die Tiere in Panik ausbrechen. Ein guter Schäfer muß außerdem Flora und Fauna der Bergwelt genau kennen und den Wechsel der Jahreszeiten einkalkulieren. Unterscheiden kann der erfahrene Hirte seine Tiere am Blöken und an der bei jedem Tier anderen Stellung der Beine und der Ohren.

Eine Schafherde mit ca. 150 Stück Vieh sichert den Lebensunterhalt einer ganzen Familie. Wolle und Fleisch der Tiere können verwertet werden, und aus der zweimal täglich gewonnenen Schafsmilch stellen die meisten Hirten würzigen Käse her, vor allem den berühmten Brocciu, einen quarkähnlichen, an Ricotta oder Hüttenkäse erinnernden Frischkäse, den sie in den Vorratskammern der steinernen Hütten lagern. Was sie nicht für den Eigenbedarf brauchen, verkaufen sie dann auf den Märkten.

gen Strecke zu den wildromantischen Schluchten „Gorges de l'Asco". Nach 18 km erreicht man den Weiler **Asco** (110 Einw.), der am Ende der Schlucht am Fuß des 2393 m hohen Monte Padro liegt. Der Ort wirkt verlassen, die meisten jungen Leute sind weggegangen, wer dageblieben ist, verdient sein Geld mit dem Verkauf von Schafskäse oder Honig. Eine Straße am westlichen Ortsausgang führt zur einbogigen genuesischen Brücke über den Asco. Im Sommer kann man im Fluß baden.

Schafe sichern den Lebensunterhalt vieler Familien

Ca. 15 km nach Asco erreicht man am Ende eines Talkessels, von Zweitausendern umringt, **Haut-Asco**. Im Winter tummeln sich in dem 1422 m hoch gelegenen Ort die Skifahrer, denn am Plateau de Stagnu stehen Skilift, Skiverleih und Unterkünfte zur Verfügung. Die wilde Bergwelt fasziniert aber auch Wanderer – diese sollten allerdings viel Erfahrung haben – und Naturliebhaber, denn im Hochtal von Haut-Asco sind noch einige seltene Tierarten wie Mufflons und Steinadler zu Hause.

Chalet du Haut-Asco,
04 95 47 81 08. In dem 20-Betten-Hotel an der Skistation kann man auch zum Essen einkehren.

Die Route führt von Ponte Leccia auf der N 193 längs des Flusses Golo weiter nach **Ponte Nuovo**. Ein Denkmal erinnert an die Entscheidungsschlacht im korsischen Freiheitskampf: 1769 wurden hier die Truppen Pasquale Paolis von den Franzosen besiegt, der Nationalheld mußte daraufhin nach England ins Exil flüchten.

Genuesenbrücke bei Asco

Bei der Weiterfahrt werden die Berge niedriger, bei *Casamozza* ist wieder die Ebene erreicht. Auf der N 193 kommt man nach *Borgo Biguglia*, unter den Pisanern Hauptort der Insel. Vorbei am Etang de Biguglia erreicht man nach kurzer Zeit Bastia (s. S. 34).

Den Pont du Vecchio konstruierte Gustave Eiffel

Route 7

Tiefe Schluchten und schwindelerregende Höhen

*Porto – *Corte – Aléria (123 km)

Bei einer Fahrt quer durch das nördliche Inselinnere bekommt man einen tiefen Eindruck von der landschaftlichen Vielfalt Korsikas. Die Route beginnt in Porto, einem ehemals kleinen Fischerort mit Eukalyptuswäldchen, den man heute vor lauter Hotelbauten kaum mehr sieht. Höhepunkt der Tour ist Corte, im 18. Jh. Inselhauptstadt und Sitz der Universität, heute ein beliebter Ausgangspunkt für Bergtouren. Landschaftliche Attraktion im Inselinneren ist die faszinierende Spelunca-Schlucht.

Falls Sie im Herbst Urlaub auf Korsika machen, sollten Sie diesen Ausflug auf den 8. bis 10. September legen, wenn in dem kleinen verschlafenen Dorf Casamaccioli das Volksfest zu Ehren der wundertätigen Madonna „Santa di Niolu" gefeiert und dabei auch ein Sänger- und Dichterwettstreit abgehalten wird.

Die mitunter sehr engen Straßen im Inselinneren sind gut ausgebaut, selbst die Gorges de la Spelunca sind verkehrsmäßig erschlossen. Für die Route sollte man sich einen Tag Zeit nehmen.

Man verläßt Porto auf der D 84 Richtung **Evisa** (250 Einw.). Der kleine Erholungsort liegt in 830 m Höhe über der Portoschlucht, am Rande des dichten Kiefernwaldes von Aitone, umgeben von Zweitausendern. Evisa ist ein beliebter Ausgangsort für Bergwanderungen nach Ota, zum Lac de Creno und zu den Cascades d'Aitone, Wasserfällen mit einem Naturschwimmbecken, die mitten in der schattigen Forêt d'Aitone liegen. Der 1600 ha große Wald ist einer der schönsten Hochwälder der ganzen Insel mit mächtigen, bis zu 200 Jahren alten und bis zu 60 m hohen Laríciokiefern.

Abstecher zur *Spelunca-Schlucht

Etwa zwei Stunden sollte man sich Zeit nehmen, um die *Gorges de la Spelunca zu Fuß zu durchwandern. Der Pfad beginnt an der Kapelle *St-Cyprien* am Ortsausgang von Evisa Richtung Porto. Ein steiler, orangefarben markierter Weg führt zum Fluß Aitone hinab. Man überquert die Genuesenbrücke *Pont de Zaglia* und wandert auf dem Saumpfad durch die Spelunca-Schlucht, die von hohen Bergen eingekesselt und im Tal mit üppiger Macchia bewachsen ist. Kein Wunder, daß die Schlucht als idealer Schlupfwinkel für Banditen galt. Auf dem gleichen Weg geht es zurück zum Ausgangspunkt.

Hinter Evisa klettert die Straße zum *Col de Vergio. Mit 1477 m Höhe ist er der höchste befahrbare Paß Korsikas. Der Rundblick auf die zum Teil bis zu 2000 m aufragenden Berge ist traumhaft. An der Wintersporthochburg Station de Vergio vorbei, geht es durch die **Forêt de Valdu-Niellu**, Korsikas größten Kiefernwald mit bis zu 50 m hohen Bäumen.

Auf einem Hügel zeigt sich schon bald **Calacuccia**, der größte Ort der Niolu-Region und beliebte Versorgungsstation für Wanderer. Am Ortsrand entdeckte kann man Zeugnisse der Megalithkultur, vermutlich drangen die Steinzeitmenschen auf der Suche nach Jagdgründen bis ins Inselinnere vor.

Der Ort inmitten von Kastanienwäldern ist ein guter Ausgangspunkt für die Besteigung von Korsikas höchstem Berg, dem 2706 m hohen **Monte Cinto**. Der ca. fünf- bis sechsstündige Aufstieg ist

ROUTE 7

ein anstrengendes Unternehmen, für das man möglichst früh aufstehen sollte. Man fährt von Calacuccia nach Lozzi, am Ende der Straße kann der Aufstieg beginnen. Man folgt dem Pfad am nordöstlichen Ufer des Baches Erco Richtung Bicharello bis zur Erco-Hütte (nur Selbstversorgung). Von dort sind es auf dem gut markierten Weg noch rund drei Stunden bis zum Gipfel. Belohnt wird man mit einer überwältigenden Aussicht auf die Paglia Orba und die Felsen der Punta Minuta.

Die Spelunca-Schlucht sollte man zu Fuß durchwandern

Folgt man hinter Calacuccia der Hauptstraße weiter, kommt man durch das enge Tal des Golo – mit 85 km der längste Fluß Korsikas – und durch die ***Scala di Santa Regina** (Treppe der heiligen Königin), eine 8 km lange Schlucht mit bis zu 500 m hohen Steilwänden. Die Straße D 84 wurde oberhalb des Flußbettes in den Fels gesprengt, allerdings kann man nur an wenigen Stellen halten und in die unwirklich erscheinende Schlucht blicken. Den besten Eindruck von der imposanten Schlucht gewinnt man zu Fuß: An der Ponte di l'Accia, die über einen Seitenbach des Golo führt, kann man ein Stück auf dem alten Pfad an Steilwänden und Abgründen entlang durch die Schlucht gehen. Bis 1889 waren die in den Felsen geschlagenen Stufen der einzige Zugang aus dem Osten ins Niolu-Tal.

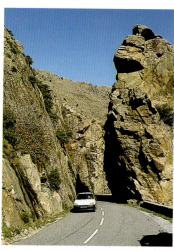

Scala di Santa Regina

Über Pont de Castirla erreicht man ***Corte** (5400 Einw.), den geographischen Mittelpunkt der Insel. Die strategisch günstig gelegene Stadt war von der Mitte des 18. Jhs. an Ausgangspunkt der Freiheitsbewegungen Korsikas. Von 1755 bis 1769 war Corte Hauptstadt der Insel und Sitz der Regierung des unabhängigen Korsika. 1764 gründete Pasquale Paoli die Univer-

Corte – geographischer Mittelpunkt der Insel

Polyglott **79**

sität, an der bis 1790 gelehrt werden konnte. Erst 1980 öffnete sie wieder ihre Pforten.

Die Altstadt von Corte wirkt verschlossen, fast ein wenig düster. Von der kriegerischen Vergangenheit zeugen die engen Gassen und geschützten Plätze. Viele Dächer der alten Häuser sind noch mit Steinplatten aus Granit oder Schiefer gedeckt. Hauptstraße ist die Geschäftsstraße *Cours Paoli*, sie endet an der Place Paoli mit gemütlichen Cafés und einem Bronzedenkmal des Freiheitskämpfers Paoli von Victor Huguenin (1854).

Über Treppen gelangt man zur kleinen *Place Gaffori*, wo die Bronzestatue des korsischen Freiheitskämpfers General Jean-Pierre Gaffori steht. Auf dem Relief am Denkmalsockel ist seine Frau Faustine mit einer brennenden Fackel über einem Pulverfaß verewigt. In Abwesenheit ihres Mannes wollten die Genuesen Faustine als Geisel nehmen, die resolute Dame allerdings verbarrikadierte sich und verteidigte sich mit einer Handvoll Freunde. Sie war fest entschlossen, eher das Haus in die Luft zu sprengen als aufzugeben. Sie hielt durch, bis ihr Mann zu Hilfe eilte. An der Fassade des Gaffori-Wohnhauses rechts des Platzes sind noch Einschüsse zu erkennen.

Schon zu Lebzeiten Paolis konnten junge Korsen in Corte studieren. 1980 wurde die Universität wiedereröffnet, nicht zuletzt, um dem geistigen Leben und der korsischen Sprache neue Impulse zu verleihen.

Auf einer exponierten Felsspitze thront die *Citadelle* von Corte, die 1419 die Könige von Aragón errichten ließen. Als einzige im Landesinneren erbaut, ist sie ein Symbol des Widerstandes und beherrscht sowohl die Oberstadt mit ihren düsteren Häusern als auch die Unterstadt mit ihren mehrstöckigen, recht schmucklosen Bauten. Das im Herbst 1996 eröffnete *Korsika-Museum* gibt einen guten Überblick über Geschichte, Wirtschaft und Kultur der Insel (La Citadelle, ◐ Sommer Mo-Sa 10-20 Uhr, Winter 10-12, 14-18 Uhr). In der Oberstadt gibt es eine Reihe kleiner Kunsthandwerkerläden. Zum einem ist eine Besichtigung der Werkstätten

Sampiero Corso – der heißblütige korsische Freiheitskämpfer

Sampiero Corso, Korsikas heißblütiger Nationalheld und „Le plus Corse des Corses" wurde 1498 in Dominicacci geboren. Seiner Intelligenz gepaart mit Tapferkeit verdankt er seine steile Militärkarriere: er diente als Truppenführer – erst den Medici, dann dem französischen König. Er prahlte, im Kampf „allein zehntausend Mann wert" zu sein. 1547 ernannte ihn Heinrich II. zum Generaloberst der korsischen Infanterie. Das große Ziel des leidenschaftlichen Kämpfers war die Befreiung seiner Heimat von den Genuesen.

Nicht einmal seine eigene Frau Vannina war vor seinem Haß sicher. Er erdrosselte sie eigenhändig, als er erfuhr, daß sie ohne sein Wissen Kontakt mit Genua aufgenommen hatte. Diese Tat konnte die Familie seiner Frau nicht ungesühnt lassen: Vanninas Brüder lockten ihn 1567 in Eccica-Suarella in einen Hinterhalt und brachten ihn um.

An Sampiero Corsos Geburtshaus in Dominicacci, das von den Genuesen teilweise zerstört, doch wieder aufgebaut wurde, erinnert eine Gedenktafel mit korsischer Inschrift an den Freiheitskämpfer. Die Tafel war 1885 auf Anweisung eines Neffen Napoleons angebracht worden. Vor der Kirche des Ortsteils Santo in Bastilicca ehrt ein Bronzedenkmal den „korsischsten aller korsischen Helden".

interessant, zum anderen kann man auch wirklich schöne, handgefertigte Souvenirs erstehen, z.B. bei **Félicité Griffi,** Place du Vieux Marché und **Thierry Leonelli,** 4, rue Chiostra.

❶ Office de Tourisme, La Citadelle, F-20250 Corte, ☏ 04 95 46 24 20.

🚆 Ajaccio–Bastia, Calvi, Aléria.

🏨 **Sampiero Corso,** Avenue Président-Pierucci, ☏ 04 95 46 09 76. Ein gemütliches Hotel ohne großen Komfort, im Zentrum; 🕓 April bis Sept. Ⓢ
Colonna, Valée de la Restonica, ☏ 04 95 61 05 45, 📠 04 95 61 03 91. Das beste Hotel in Corte, idyllisch gelegen, mit Swimmingpool und Garten; 🕓 1. März bis 30. Oktober. Ⓢ
⚠ **Tuani,** 6 km von Corte im Restonica-Tal, ☏ 04 95 46 11 65. 90 Plätze. 🕓 von April bis Sept.

🍴 **Chez Julien,** Cours Paoli, ☏ 04 95 46 02 90. Traditionelle korsische Küche. Ⓢ

Ausflüge von Corte

In das *Restonica-Tal

Romantische Felsenwildnis pur: das Tal, Zweitausender als Kulisse, Bergseen, die je nach Lichteinfall gletscherblau bis tiefgrün schimmern – das Restonica-Tal ist eine Berglandschaft von außergewöhnlicher Schönheit. Da es immer mehr Naturfreunde anzieht, kann es vor allem gegen Nachmittag auf der engen Straße voll werden – es gibt bereits erste Überlegungen der Nationalpark-Verwaltung, das Gebiet in den Hochsommermonaten zu sperren. Im Frühjahr ist die Durchfahrt wegen herabgestürzter Schnee- und Schuttmassen oftmals nicht möglich.

Die Fahrstraße beginnt in Corte und endet nach 17 km bei der *Bergerie de Grotelle,* dem Ausgangspunkt für eine etwa dreistündige Wanderung zu den wundervoll gelegenen **Gletscherseen Melo** (1711 m) und **Capitello** (1930 m). Der Fußweg ist schmal, die gefährli-

Das wilde Restonical-Tal zieht viele Besucher an

Die Zitadelle von Corte steht exponiert auf einer Felsspitze

In der Römerstadt Aléria lebten einst 20 000 Menschen

chen Stellen sind zwar mit Ketten gesichert, dennoch sollte man schwindelfrei sein. Parallel zur Straße verläuft der Restonica-Fluß, sein klares Wasser entspringt den beiden Bergseen.

Der mit Steinmännchen markierte Wanderweg zum Gipfel des 2622 m hohen **Monte Rotondo**, Korsikas zweithöchsten Bergs, beginnt beim Pont de Tragone (ca. 9 km nach Corte) am rechten Timozzo-Ufer. Der knapp fünfstündige Aufstieg (gute Kondition erforderlich) führt über den idyllischen Lac di l'Oriente und den Collet du Rotondo.

🏠 **Auberge de la Restonica,** Vallée de Restonica, ☎ 04 95 46 09 58.
Am Eingang zum Restonica-Tal kann man sich mit korsischen Fisch- und Wildspezialitäten stärken und gegebenenfalls sogar übernachten. $

Das Bozio

Corte ist auch idealer Beginn für eine ca. dreistündige Fahrt durch die vom Tourismus noch kaum erschlossene Region Bozio, die wildere und unbewaldete Variante der Castagniccia (s. S. 56). Der 70 km lange Weg führt über die N 193 Richtung Bastia. Hinter Francardo folgt man der D 239 nach Aiti, dann der D 39. In *San Quilicu* ist die romanische Kapelle aus dem 16. Jh. sehenswert. Hauptort des Bozio ist *Bustanico*. In der Pfarrkirche befindet sich ein holzgeschnitztes Kruzifix, von einem unbekannten korsischen Künstler im 18. Jh. gefertigt. Das kleine Bergdorf war einer der Ausgangspunkte für den Aufstand 1729 gegen Genua. *Sermano* liegt hoch auf einer Kuppe. Wenn man die Möglichkeit hat, sollte man hier an hohen Feiertagen eine Messe besuchen. Dann nämlich kommt man noch in den Genuß der Paghiella, des traditionellen mehrstimmigen Gesangs. Von Sermano sind es noch ca. 17 km zurück nach Corte.

Die Route führt weiter durch das Tal des Tavignano nach **Aléria** (2400 Einw.), das in exponierter Lage über dem Zusammenfluß des Tavignano und des Tagnone liegt. Der Ort hat eine bewegte Vergangenheit: Im 6. Jh. v. Chr. siedelten dort Griechen, kultivierten den versumpften Boden, bauten Getreide und Wein an und machten ihre Gründung Alalia zu einem blühenden Handelszentrum. Unter den Römern entwickelte sich Aléria zur Kornkammer Roms und diente als Kriegs- und Handelshafen. Während dieser Blütezeit lebten hier ehemals über 20 000 Menschen. Der Hafen ist heute versandet. Etwas außerhalb des Ortes kann man einen kleinen Spaziergang durch das Ausgrabungsgelände machen und die Ruinenreste der Römerstadt, die 1955 freigelegt wurden, begutachten. Als Hauptplatz diente das 90 m lange Forum, von Säulengängen abgegrenzt. Hinter dem Capitol befand sich das Verwaltungszentrum, daran anschließend die Badeanlage.

Im genuesischen Fort Matra, einer mächtigen Festungsanlage an der N 198 bei Aléria, 1572 für die korsische Familie Matra errichtet, ist das archäologische ***Musée Jérôme Carcopino** untergebracht. Die ausgestellten Keramiken, Alabasterarbeiten, Trinkhörner, Glasarbeiten und Grabbeigaben vermitteln einen guten Eindruck vom römischen Alalia. 🕐 Sommer Mo–Sa 8–12, 14–18.30 Uhr, Winter 8–11.30, 14–16.30 Uhr.

ℹ **Syndicat d'Initiative,** Belli Piobbi, F-20210 Aléria, ☎ 04 95 57 06 26.

🏠 **Coquillages de Diane,** Etang de Diane, ca. zwei km nördl. von Aléria, ☎ 04 95 57 04 46. Köstlich zubereitete Austern und Fische aus dem Etang de Diane. $

Einkaufstip: Union des Vignerons de l'île de Beauté, F-20270 Aléria,
☎ 04 95 57 02 48, 📠 04 95 57 09 59. Mit der stattlichen Anzahl von 6000 abgefüllten Flaschen pro Stunde befindet sich in Aléria der bedeutendste Weinkeller Korsikas, der zugleich zu den 10 wichtigsten Frankreichs zählt. Führungen Mo–Sa.

ROUTE 7

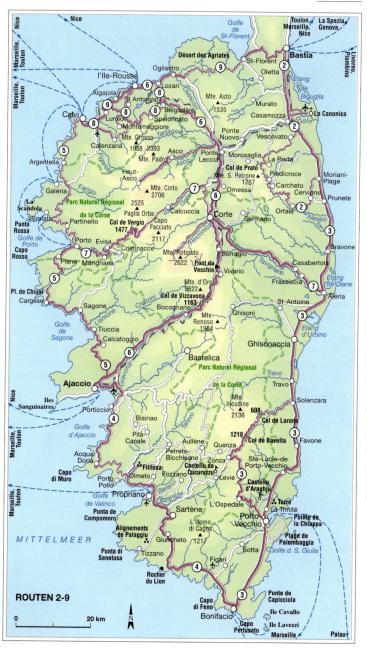

ROUTEN 2–9

Route 8

Im Garten Korsikas

*Calvi – Balagne – *Calvi (140 km)

Olivenhaine, Weinberge, Mandel- und Orangenbäume – die Balagne fertile nordöstlich von Calvi gilt als der „Garten Korsikas". Das Herz der Balagne liegt zwischen der Balagne déserte südlich von Calvi und der Désert des Agriates. Vom fruchtbaren Hinterland profitierten die drei Küstenorte Calvi, Algajola und L'Ile Rousse als Handelszentren. Die fruchtbare Balagne war einst eine der wohlhabendsten Gegenden Korsikas. Vom Reichtum vergangener Tage zeugen noch schön verzierte Häuserfassaden und Kirchen. Der wirtschaftliche Niedergang Korsikas im 19. Jh. wirkte sich auch auf die Balagne aus. Viele Bewohner suchten andernorts Arbeit. Dank staatlicher Fördermaßnahmen und neuer Verdienstmöglichkeiten durch den Tourismus ist die Migrationswelle hier jedoch abgeebbt. Da fast jedes Dorf der Balagne durch einen Maultierpfad mit dem nächsten, meist in Sichtweite gelegenen Ort, verbunden ist, kann man den Garten Korsikas auch gut zu Fuß oder mit dem Fahrrad erkunden. Wenn Sie die Rundfahrten durch die obere und untere Balagne in aller Ruhe machen möchten, sollten Sie jeweils einen halben Tag einkalkulieren.

Die obere Balagne (75 km)

Man verläßt Calvi Richtung Bastia und folgt der N 197 nach **Lumio**, in malerischer Lage hoch über dem Golf von Calvi. Die Silhouette des kleinen Ortes wird durch die Barockkirche geprägt. Einen Besuch verdient die Kapelle *San Pietro e San Paolo* mit rosa schimmernden Granitmauern. Sie wurde Ende des 11. Jhs. in romanisch-pisanischem Stil errichtet. Die beiden Löwenfiguren sind späteren Datums.

Auf der D 71 nach Lumio beginnt die schöne Aussichtsstraße **Corniche de la Balagne,** gesäumt von kleinen verschlafenen Dörfchen. Jedes einzelne lockt zu einem Spaziergang, die Aussicht auf Meer und Berge ist überall faszinierend. Einen ersten Halt ist das kleine Dorf **Avapessa** mit seinen fast tausendjährigen Olivenbäumen wert. **Muro** ist bekannt für seinen besonders schönen Wasserfall und die Annunciata-Kirche mit einem wundertätigen Kruzifix aus dem 17. Jh.

Am Ortsausgang von **Feliceto** bietet sich eine Mittagspause in der **Osteria U Mulinu** (☎ 04 95 61 73 23; 💲) an, einem der originellsten Lokale Korsikas. Von den Holzbalken an der Decke hängen Würste, Schinken und Knoblauchzöpfe herab, die Wände zieren Ziegenhörner und Fuchsköpfe, im Kamin knistert das Feuer und vor den Augen der Gäste wird der beste Schinken Korsikas aufgeschnitten. In der urigen Osteria gibt es nur Fleisch- und Wurstgerichte von frei herumlaufenden Schweinen und wilden Kaninchen, die sich vorwiegend von Eicheln, Kräutern und Kastanien ernähren. Zu Beginn des Schlemmermahls wird als Aperitif ein unvergleichlich guter selbstgemachter Orangenwein gereicht, das opulente Mahl runden eine Kastaniencreme und korsischer Käse ab. Natürlich wissen auch andere, daß Essen hier ein besonderer Genuß ist. Deshalb: Unbedingt vorher einen Tisch reservieren!

Die Osteria U Mulinu gehört zu einer 400 Jahre alten Ölmühle, einer der letzten handbetriebenen Korsikas. Hier werden die Oliven noch mit schweren Mühlsteinen gepreßt, die einen ziemlichen Lärm machen.

Speloncato – der Name stammt von einem nah gelegenen durchlöcherten Felsen, der eine Spelunca (Höhle) bildet – gehört sicher zu den reizvollsten Dörfern der Balagne. Ortsmittelpunkt ist die *Place de la Libération* mit einem schönen Brunnen mit trinkbarem Gebirgswasser. Neben der Kirche Sainte-Marie steht das ehemalige Palais des Kardinals Savelli, in dem heute das einzige Hotel von Speloncata untergebracht ist. Bei **Antoine Ansaldi**, Stabella, können Sie ausgezeichnetes Olivenöl kaufen.

Löwenfigur an der Kapelle San Pietro e San Paolo in Lumio

ⓗ **Spelunca**, Speloncata, ☎ 04 95 61 50 38. Nicht ganz ohne Reiz, einmal in ehemaligen Kardinalsgemächern zu übernachten. Ⓢ

Von Speloncato geht die Fahrt weiter über *Ville-de-Paraso*, *Costa* und *Occhiatana* bis zum Endpunkt der Corniche de la Balagne nach **Belgodère**, einem Dorf, das so traumhaft über dem Tal des Padro liegt, daß es einfach „Schöner Aufenthalt" heißen muß. Inmitten von Oliven-, Mandelbäumen und Weinbergen drängen sich die Häuser an einem Hang. Der Panoramablick reicht über die Balagne bis nach Calvi. Belgodère ist eine Gründung des pisanischen Grafen Andrea Malaspina, die Ruine seiner ehemaligen Festung überragt noch heute den Ort.

Die Olivenbäume in der Balagne sind bis zu 1000 Jahre alt

Von Belgodère fährt man dann Richtung Küste nach Lozari (ⓗ **Auberge de Tesa**, Lozari, ☎ 04 95 60 09 55; an einem kleinen See kann man übernachten und die regionale Küche genießen; Ⓢ) und von dort auf der N 197 über *L'Ile Rousse* und *Algajola* entlang der Küste nach Calvi zurück.

Die untere Balagne (65 km)

Man verläßt Calvi Richtung Bastia über die N 197 und biegt dann in die D 151 Richtung Calenzana ein. Wenn Sie korsische Spezialitäten einkaufen möchten, sollten Sie in der Feinschmeckerhochburg **Calenzana** Halt machen. Aromatischen Macchiahonig bekommt

Eindrucksvoller Wasserfall bei Muro

ROUTE 8

man z. B. bei **Jacques Terce,** Hameau Suare, ☎ 04 95 65 13 61, würzigen Korsika-Käse bei **Marie Susini,** Montegrosso-Biotali, ☎ 04 95 65 11 79, und schmackhafte Konfitüren bei **Gisèle Noesen,** rue Simetta, ☎ 04 95 62 75 83. Im übrigen ist Calenzara, das inmitten von Mandel- und Olivenhainen am Fuß des *Monte Grosso* liegt, Ausgangspunkt für Wanderungen, vor allem für die große Korsikadurchquerung GR 20 und den Weitwanderweg „Tra Mare e Monti".

Weiter auf der D 151 erreichen Sie über Zilia **Montemaggiore.** In diesem kleinen Ort hoch über dem Fiume-Secco-Becken hat einer der größten Verführer der Operngeschichte seine Wurzeln. Denn von hier stammen die Vorfahren des 1627 in Sevilla geborenen Don Miguel de Leca y Colona y Magnara y Vincentello, besser bekannt als Don Juan. Eine Gedenktafel erinnert an seine korsischen Vorfahren aus Montemaggiore. Am ersten Wochenende nach dem 14. Juli steht Montemaggiore ganz im Zeichen der Olive: Während der „Foire de l'Olivier", des traditionsreichen Olivenfestes, werden verschiedene Sorten Olivenöl sowie andere landwirtschaftliche Produkte angeboten und Gebrauchsgegenstände aus Olivenholz ausgestellt.

Über den *Col de Salvi* mit einer herrlichen Aussicht klettert die Straße hoch zum „Adlerhorst der Balagne": **Sant' Antonino** wurde im 9. Jh. als Fluchtburg vor den Sarazenen in 500 m Höhe über den Tälern der Balagne auf einer Felsnase errichtet. Wenn die Piraten die Küstenorte plünderten, suchten die Balagne-Bewohner hier oben Schutz. Sant'Antonino muß man zu Fuß erforschen: Enge Gassen, steile Treppen und gewölbte Durchgänge führen zum malerischen Kirchplatz, den Ortsmittelpunkt. Kleine Läden und Kunsthandwerkstätten bieten lokale Produkte an, und der *Rundblick auf das Regino-Tal, die hügelige Balagne, das Hochgebirge und das tiefblaue Meer ist einfach wundervoll.

In **Aregno** sollten Sie am Friedhof anhalten und die romanisch-pisanische *Eglise de la Trinité* aus dem 12. Jh. mit einer besonders schönen polychromen – grauweiß und bläulichen – Granitmauer und einer mit eindrucksvollen archaischen Skulpturen verzierten Fassade besichtigen. Die Dreifaltigkeitskirche hat eine auffallende Ähnlichkeit mit San Michele bei Murato.

Ähnlich idyllisch wie das Bergdorf Sant'Antonino liegt auch **Pigna** (90 Einw.), ein schön restaurierter Ort mit pittoresken Gassen und Treppenstraßen. Statt Plastiksouvenirs gibt es hier korsisches Kunsthandwerk – Korbwaren, Holzschnitzereien und Webwaren.

1964 wurde in Pigna die „Corsicada" (Communauté d'organisation rurale pour le service, l'information et la création), die Genossenschaft der Kunsthandwerker Korsikas gegründet, denn auch auf Korsika besteht die Gefahr,

Im Zeichen der Musik

Liebhaber korsischer Klänge wählen am besten den Juli oder den September als Reisemonat. Denn dann stehen eine ganze Reihe von Veranstaltungen im Zeichen der Musik. Beim Festivoce-Festival in Pigna vom 8.–13. Juli sind neben korsischen Sängern auch weltweit bekannte zu hören. Ende Juli steht in Calvi traditionelle Musik auf dem Programm. Zur „Citadella in Festa" wird in den Gassen gesungen, in Vorträgen und Konferenzen beschäftigt man sich jedes Jahr mit einem neuen Thema. Vom 10. bis 14. September finden in der Kathedrale von Calvi die „Rencontres Polyphoniques" statt. An vier Abenden treffen sich die Polyphonie-Künstler aus verschiedenen Ländern. Informationen zu diesen Veranstaltungen gibt es bei den korsischen Fremdenverkehrsämtern.

Seite 83

ROUTE 8

daß die traditionellen Produktionstechniken immer mehr in Vergessenheit geraten. Corsicada-Niederlassungen, „Case di l'Artegiani", gibt es auch in Bastia, Evisa, Sartène und Vico. In Pigna selbst hängt zwar noch das Corsicada-Schild, doch die hochwertigen handwerklichen Arbeiten der Künstler und Handwerker, die sich hier niedergelassen haben, werden unter der Bezeichnung „L'Artigiani di Pigna" (☎ 04 95 61 70 56) verkauft.

Die Rückbesinnung auf die traditionellen Werte beschränkt sich nicht auf die Handwerkskunst. Hier pflegt man auch bewußt die korsische Musik: Etwas ganz Besonderes ist die Musik auf nachgemachten, alten Instrumenten, zum Beispiel auf der „orgue régale" aus dem 17. Jh. Wer sich für den Kauf eines solchen traditionellen Musikinstrumentes interessiert, ist bei **Hugues Casalonga**, (☎ 04 95 61 77 25) oder auch bei **Antoine Massoni** (☎ 04 95 61 77 15) an der richtigen Adresse. Musikliebhaber sollten das alljährlich im Juli stattfindende Festival „Festivoce" nicht versäumen.

Calenzana ist Ausgangspunkt zweier Weitwanderwege

Belgodère über dem Padrotal

🏠 **Casa Musicale**, Pigna, ☎ 04 95 61 77 31. Traditionelle korsische Küche. Gelegentlich gibt es auch Lamenti- und Paghiella-Darbietungen (s. S. 23). 💲

Nach wenigen Fahrminuten taucht inmitten von Olivenhainen der *Couvent de Corbara* auf. Das von den Franziskanern gegründete und von den Dominikanern erweiterte Kloster ist eine wahre Oase der Stille, der Kreuzgang ein wunderbarer Ort, um mit der Seele ein wenig zu baumeln.

Von dort sind es nur noch fünf km nach *L'Ile Rousse*, und über die Küstenstraße, vorbei an *Algajola* – der hübsche Sandstrand bietet sich für eine kleine Badepause an – erreichen Sie in einer guten halben Stunde wieder Calvi (s. S. 48).

Gutes Kunsthandwerk aus Pigna

Route 9

Vom Strandtrubel in die Einsamkeit der Wüste

*Calvi – Saint-Florent – Bastia (102 km)

Zur Balagne gehört nicht nur das Hinterland von Calvi bis Lozari, sondern auch ca. 100 km Küste mit vielen traumhaft schönen Sandstränden. Wer die Einsamkeit liebt, ist hier allerdings am falschen Ort. Denn im Sommer, wenn Tausende von Flugreisenden in Calvi landen und viele Touristen vom französischen Festland nach Calvi und L'Ile Rousse übersetzen, um an diesem Küstenstreifen ihren Urlaub zu verbringen, herrscht Hochbetrieb. Wo im Winter rund 12 000 Menschen leben, sind in den Sommermonaten fast zehnmal soviele unterwegs. Fast menschenleer ist hingegen die karge, wüstenähnliche Landschaft Désert des Agriates, die von der Mündung des Ostriconi bis Saint-Florent reicht. Hier erwartet den Besucher eines der schönsten romanischen Bauwerke der Insel, die pisanische Kathedrale Santa-Maria-Assunta. Ein kleines Mittagessen und einen Badestopp eingerechnet brauchen Sie für die Tour einen Tag.

Von Calvi aus erreicht man auf der N 197 nach 14 km **Algajola** (220 Einw.). Der Ort teilt das Schicksal mit vielen ehemals bedeutenden genuesischen Stützpunkten: An seine ruhmreichen Zeiten erinnert heute nur mehr wenig. Es waren die Phönizier, die die Hafensiedlung Argha gründeten. Dann kamen die Römer und schließlich die Genuesen, die den kleinen Ort als Vorposten Calvis ausbauten und 1664 zum Schutz vor Sarazenenüberfällen befestigten. Von der gesamten Festung ist heute nur noch die kleine Zitadelle (15.–17. Jh.; Privatbesitz) erhalten. Im 18. Jh. kam mit dem Aufstieg des benachbarten L'Ile Rousse der Fall Algajolas. In der *Eglise Saint-Georges* kann man eine interessante „Kreuzabnahme" von Guercino (17. Jh.) sehen. Hauptanziehungspunkt für die Besucher ist vor allem der schöne Sandstrand, eine gute Alternative zu den überfüllten Stränden des nahen Calvi.

An mehreren Ferienanlagen vorbei erreicht man dann **L'Ile Rousse** (2600 Einw.), eine Granitinsel, die durch eine Landzunge mit dem Festland verbunden ist. L'Ile Rousse, auf den Ruinen der Römerstadt Rubico Rocega errichtet, ist eine Gründung von Freiheitskämpfer Pasquale Paoli: 1758 ließ er die Stadt als Rivalin zu den genuatreuen Hafenstädten Calvi und Ajaccio anlegen. Dennoch blieb L'Ile Rousse immer im Schatten Calvis. Ihren Namen „Rote Insel" verdankt die Stadt den drei rötlichen Granitklippen vor der Küste. Das niedrige Vorgebirge schützt die Stadt vor den kalten Nordwinden und macht sie mit einer durchschnittlichen Temperatur von 17 °C zum wärmsten Ort der Insel.

Zentrum der kleinen Stadt ist die von Platanen gesäumte *Place Paoli*. Die Büste des Namensgebers grüßt unter mächtigen Palmen. Hier kann man bis spät in die Nacht in einem Café sitzen und den Korsen beim Boulespiel zusehen. Die vielfältigen Sport- und Unterhaltungsmöglichkeiten und der schöne Sandstrand sind Touristenattraktionen.

🛈 Office de Tourisme, Place Paoli, F-20220 L'Ile Rousse, ☎ 04 95 60 04 35.

🚢 Fähren nach Nizza, im Sommer auch nach Toulon.

L'Ile Rousse verdankt ihren Namen den rötlichen Granitklippen vor der Küste

ROUTE 9

🚋 In der Hochsaison endet hier die „Tramway de la Balagne", die bei Bedarf an jeder Bucht hält.

🏨 **Hôtel Napoléon Bonaparte,** Place Paoli, ☎ 04 95 60 06 09, 📠 04 95 60 11 51. Ein Luxushotel in einem Schloß (19. Jh.) mit Parkanlagen, Swimmingpool und Tennisplätzen. $))
Casa Mea, L'Ile Rousse, ☎ 04 95 60 33 94. In dieser gemütlichen Pension wohnt man umgeben von jahrhundertealten Olivenbäumen. $)

🍴 **La Laetitia,** L'Ile Rousse, ☎ 04 95 60 01 90. Hier kann man mit einem wunderbaren Blick auf den Hafen ausgezeichnete Fischgerichte essen. $

Die Urlauberhochburg L'Ile Rousse platzt mittlerweile aus allen Nähten und weitet sich folglich immer mehr aus. Auch nach dem weiter östlich gelegenen Feriendorf **Lozari**, in dem alljährlich im April ein Musikfest veranstaltet wird, streckt sie bereits die Hand aus. Hinter Ogliastro führt die D 81 in die **Désert des Agriates**, eine macchiaüberwucherte Steinwüste. Von der bis auf 400 m ansteigenden Straße hat man einen eindrucksvollen Blick auf die kahle Felsenwelt. Die öden Stellen stammen von einem Brand im Jahr 1982, damals fiel ein Großteil des Gestrüpps den Flammen zum Opfer. In den wenigen Dörfern unterwegs kann man gut Honig und Wein aus Patrimonio einkaufen. Wer einen Abstecher zu einsamen Stränden ans Meer machen möchte, muß auf äußerst schlechte Wege gefaßt sein.

Bei **Saint-Florent** (1200 Einw.), malerisch an einer tief ins Land reichenden Bucht gelegen, ändert sich die Landschaft wieder. Die pittoreske Altstadt, die schönen Sandstrände und nicht zuletzt der Jachthafen bedingten, daß der Ort zu einem beliebten Urlaubsziel avancierte. Bereits unter den Römern war hier ein wichtiger Handelsplatz. Im Mittelalter war der Ort Sitz des Bischofs von Nebbio. Die 1125 erbaute pisanische Kathedrale *Santa-Maria-Assunta* ist eine der bedeutendsten romanischen Kirchen Korsikas und erinnert

Eigeninitiative im Ostriconi-Tal

Die kleinen Orte im Hinterland von Korsika trifft dasselbe Schicksal wie vergleichbare Dörfer andernorts: Während die großen Urlaubszentren an der Küste aus allen Nähten platzen, drohen sie zu verkümmern. Junge Leute suchen sich in den Ballungszentren Arbeit, zurück bleiben nur mehr die alten Menschen.

Gegen diese unabwendbar erscheinende Entwicklung stemmen sich fünf kleine Orte im Ostriconi-Tal, deren Einwohnerzahl durch kontinuierliche Abwanderung auf insgesamt 600 gesunken ist. Nach dem Motto: Gemeinsam können wir es schaffen, haben sich die Weiler *Lama, Pietralba, Urtaca, Novella* und *Palasca* zu den „Pays d'Accueil Touristique d'Ostriconi" zusammengeschlossen und ein Tourismuskonzept erarbeitet, das langfristig das Überleben der Orte sichern soll. In Lama werden Reiterferien angeboten. Zudem initiierte man ein Filmfestival zum Thema Landleben (Termin im Sommer). In dem Wissen, daß Touristen zunehmend hochwertige einheimische Produkte vom Olivenöl bis zu traditionellem Gebäck schätzen, werden diese Spezialitäten in den Dorfläden angeboten. Zum Konzept gehört auch, daß die Touristen nicht nur im Ort übernachten – es gibt ca. 300 Betten in einfachen Unterkünften –, sondern auch am Leben der Dorfbewohner teilnehmen können.

ℹ Les Terrasses de L'Ostriconi, Office de Tourisme et des Loisirs L'Alti D'Ostriconi, ☎ 04 95 48 23 90.

ROUTE 9

deutlich an „La Canonica" bei Bastia (s. S. 56). Die Basilika ist das einzige Relikt, das von der im 13. Jh. von den Sarazenen zerstörten Hauptstadt des Nebbio übriggeblieben ist. Die Fassade aus tarantinischem Marmor ist mit Blendarkaden gegliedert. Innen werden die Reliquien des hl. Florentinus aufbewahrt – eines römischen Legionärs, der den Märtyrertod starb. Besonders schön ist auch der Skulpturenschmuck im Kircheninneren: Muscheln, Schlangen, Löwen. Den Schlüssel verwahrt das Office de Tourisme.

Einladender Strand von Algajola

🛈 Office de Tourisme, B. P. 29, F-20217 Saint-Florent, ☎ 04 95 37 06 04.

🏨 **Bellevue**, Route à Bastia, ☎ 04 95 37 00 06, 📠 04 95 37 14 83. Kleineres Hotel direkt am Meer, ausgezeichnete korsische Küche. $⟫

🍴 **La Rascasse**, Promenade des Quais, ☎ 04 95 37 06 99. Am Hafen mit Blick über die Bucht kann man hier besonders gute Fischspezialitäten essen. $

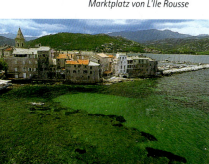

Marktplatz von L'Ile Rousse

Auf der Weiterfahrt über die D81 genießt man einen schönen Panoramablick auf den azurblauen Golf von Saint-Florent. Auf der 22 km langen Strecke vom *Col de Teghime* bis Bastia (s. S. 34) durchquert man das bekannte Weinanbaugebiet von ***Patrimonio** (s. S. 55). Wer den korsischen Wein kosten und kaufen möchte, kann bei einem der vielen Winzer zum Abschluß der Rundfahrt zur Dégustation (Weinprobe) einkehren. Wem weniger der Sinn nach Wein als vielmehr nach zeitgenössischer Kunst steht, könnte sich die Cave Orenga de Gaffory ansehen (Route de St-Florent; ⏱ Mo-Sa 9-12, 14-19 Uhr). Dort werden interessante Ausstellungen mit den Werken korsischer Künstler organisiert.

Malerisch liegt Saint-Florent an einer tief eingeschnittenen Bucht

Kathedrale Santa-Maria-Assunta

Praktische Hinweise von A–Z

Ärztliche Versorgung

Apotheken (pharmacies), mit einem grünen Kreuz gekennzeichnet, sind Mo-Sa von 9–12 und 15–19 Uhr geöffnet. Notdienste sind immer in den Apotheken selbst angezeigt, außerdem erfährt man die Adresse der diensthabenden Pharmacie aus der Lokalpresse und in den Fremdenverkehrsbüros.

Diplomatische Vertretungen

Deutschland
Honorarkonsulat, c/o Société Corse de Distribution, Zone Industrielle RN 193, F-20600 Bastia, ☎ 04 95 33 03 56, 📠 04 95 33 88 89.

Österreich
Konsulat, Gare Maritime, Quai l'Herminer, F-20000 Ajaccio, ☎ 04 95 21 29 79.

Schweiz
Botschaft, 142, rue de Grenelle, F-75007 Paris, ☎ 01 49 55 56 70, 📠 01 45 51 34 77.

Einreise

Für EU-Bürger gibt es beim Grenzübertritt zwar offiziell keine Grenzkontrolle mehr, doch sollte man immer einen Ausweis mit sich führen. Für Schweizer gilt weiterhin, daß sie bei der Ein- und Ausreise im Besitz eines gültigen Reisepasses sein müssen. Kinder bis 16 Jahre, die keinen Kinderpaß besitzen, müssen im Paß der Eltern eingetragen sein.

Feiertage

Neujahrstag, Ostermontag, 1. Mai, 8. Mai (Waffenstillstand 1945), Christi Himmelfahrt, Pfingstmontag, 14. Juli (Nationalfeiertag), 15. August, 1. November, 11. November (Waffenstillstand 1918), 25. Dezember.

Geld und Währung

Währungseinheit ist der französische Franc (FF), der in 100 Centimes (c) unterteilt ist. Im Umlauf sind Münzen zu 20, 10, 5, 2 und 1 FF sowie zu 50, 20, 10 und 5 c. Als Banknoten gibt es 500, 200, 100, 50 und 20 FF.

Mit der ec-Karte und Geheimzahl kann man an Bankautomaten pro Tag 1400 FF (umgerechnet 300 DM) abheben. Da beim Umtausch eine Gebühr erhoben wird, ist auch die Mitnahme von Reiseschecks in Francs empfehlenswert. Eurocheques können bis zu einem Betrag von 1400 FF pro Tag ausgestellt werden.

Kreditkarten werden nicht überall akzeptiert, vor allem in ländlichen Gegenden kann es Probleme geben; Eurocard und Visa sind am weitesten verbreitet. Inhaber von Postsparkonten können bei größeren Postämtern gegen Vorlage des Personalausweises und der Ausweiskarte 2000 DM pro Monat abheben.

Die Ein- und Ausfuhr von Fremd- bzw. Landeswährung ist unbegrenzt.

1 DM = 2,90 FF (Stand: November 1996).

Haustiere

Hunde und Katzen müssen bei der Einreise mindestens drei Monate alt sein. Die letzte Tollwutimpfung muß mindestens 30 Tage vor der Einreise erfolgen und darf nicht älter als ein Jahr sein.

Information

Auskünfte und Prospekte erhält man bei den Französischen Fremdenverkehrsämtern:

Deutschland
D-60325 Frankfurt/M., Westendstr. 47, ☎ 0 69/7 56 08 30, 📠 7 55 21 87;

PRAKTISCHE HINWEISE VON A–Z

D-10787 Berlin, Keithstraße 2–4, ☎ 0 30/2 18 20 64, 🖷 30 2 14 12 38.

Österreich
A-1033 Wien, Landstraßer Hauptstraße 2 a, ☎ 01/5 03 28 90, 🖷 5 03 28 71.

Schweiz
CH-8023 Zürich, Löwenstraße 59, ☎ 01/2 11 30 85/86, 🖷 2 12 16 44.

Korsika
Agence du Tourisme de la Corse 17, bd Roi-Jérôme, B. P. 19, F-20178 Ajaccio Cédex, ☎ 04 95 21 56 56, 🖷 04 95 51 14 40.

Darüber hinaus haben alle größeren Orte auf Korsika ein Syndicat d'Initiative (Verkehrsverein) oder ein Office de Tourisme (Verkehrsamt). Die Anschriften sind in diesem Reiseführer am Ende der beschriebenen Orte unter ❶ zu finden, viele Büros haben noch keinen Faxanschluß. Es gibt auch keine festen Öffnungszeiten, in der Regel sind die Informationsstellen Mo bis Sa von 10–13 und 16–18 Uhr besetzt. Auskünfte erhält man zudem in den Bürgermeisterämtern (Mairie).

Krankenversicherung

Da nicht alle Ärzte auf Korsika den Auslandskrankenschein der gesetzlichen Krankenkasse akzeptieren, empfiehlt sich der Abschluß einer privaten Reisekrankenversicherung. Privat Versicherte erhalten die Behandlungskosten zu den im Heimatland gültigen Tarifen zurückerstattet.

Notruf

Polizei: ☎ 17; Feuerwehr: ☎ 18; Ärztliche Notfälle (SAMU): ☎ 15; Seerettungsdienst: ☎ 04 95 20 13 63.

Öffnungszeiten

Es gibt in Frankreich kein striktes Ladenschlußgesetz, Öffnungszeiten werden individuell geregelt. So haben gewöhnlich kleinere Geschäfte und Banken auf dem Land kürzere Geschäftszeiten als in der Stadt.

Banken: Mo–Fr von 9–12 und 14 bis 16 Uhr, Sa und manchmal auch Mo geschlossen. In kleineren Orten sind Geldinstitute mitunter nur am Vormittag geöffnet.

Geschäfte: gewöhnlich Mo–Sa von 9 bis 12 und 14–19 Uhr. Während der Hochsaison können die Öffnungszeiten variieren, je nach Bedarf dauert die Mittagspause länger, dafür stehen die Türen dann am Abend länger offen. Die meisten Geschäfte haben einen Ruhetag pro Woche, Bäckereien sind z. B. häufig am Montag geschlossen, dafür am Sonntagmorgen geöffnet.

Behörden: Mo–Fr 9–12 und 14–17 Uhr.

Post: In größeren Orten Mo–Fr 9 bis 19 Uhr, auf dem Land Mo–Fr 8–12 und 14–18.30 Uhr sowie samstags meist von 8–12 Uhr.

Museen: Im Sommer (15. Juni bis 15. September) sind die meisten Museen länger geöffnet, im Winter (16. September bis 14. Juni) kürzer. Die Öffnungszeiten der kleinen Museen sind sehr unterschiedlich. Auskünfte erteilt das Syndicat d'Initiative bzw. das Office de Tourisme des jeweiligen Ortes.

Post/ Postgebühren

Briefmarken *(timbres)* gibt es bei den Postämtern und Nebenstellen „PTT" oder „P et T", aber auch in Bars (Bar-Tabac) und in Zigarettenläden (Tabac). Postkarten und Briefe bis 20 g von Korsika nach Deutschland, Österreich oder in die Schweiz kosten 3 FF.

Souvenirs

Beliebte Souvenirs aus Korsika sind vor allem Holzschnitzereien, Korb- und Töpferarbeiten. Ganz oben auf der Liste kulinarischer Mitbringsel stehen Honig, Schafs- oder Ziegenkäse, Nougat, Olivenöl, Liköre und Wein. 60 korsische Handwerker sind im Verein Fiere di l'Artigiani organisiert, ihre Arbeiten sind in eigenen Läden (Casa di l'Artigiani) in Bastia, Evisa, Sartène, Vico

PRAKTISCHE HINWEISE VON A–Z

und Pigna erhältlich. Jährlich wird ein Kalender zu Messen und Veranstaltungen herausgegeben, zu erhalten bei Fiere di l'Artigiani, Michel Andrei, F-20255 Cateri, ☎ ☏ 04 95 61 09 73.

Telefon

Auch auf Korsika setzen sich die Kartentelefone immer mehr durch, Münzfernsprecher findet man kaum mehr. Die Telefonkarte *(télecarte)* kann man bei der Post oder in den Tabakläden (Bar-Tabac) kaufen.

Für ein Auslandsgespräch wählt man zunächst die 00, nach dem Wählton die weiteren Ziffern für das jeweilige Heimatland, die Ortsvorwahl (ohne Null), anschließend die Nummer des Teilnehmers. Deutschland erreicht man über die Vorwahl 00 49, Österreich über 00 43, die Schweiz über 00 41.

Mo–Fr zwischen 21.30 und 8 Uhr morgens, Sa ab 14 Uhr bis Montagmorgen um 8 Uhr sowie an Feiertagen kann man verbilligt telefonieren. Bei Gesprächen von Hotels oder Restaurants aus muß man mit erheblichen Aufschlägen rechnen.

Auf Korsika ist man auch per Funktelefon erreichbar, bzw. kann in der Heimat anrufen. Allerdings wird der Anruf – über D 1- und D 2-Netz – gelegentlich durch Hintergrundgeräusche untermalt. In den Bergregionen ist der Empfang ziemlich schlecht.

Seit Herbst 1996 ist die Umstellung der französischen Telefonnummern in vollem Gange: Vor die bisherigen Nummern wurden zwei Ziffern gesetzt, die für die jeweilige Region stehen. Die Ziffern für Korsika sind: 04. Für Gespräche oder Faxe aus dem Ausland nach Korsika wählt man also 00 33-4.

Trinkgeld

Laut Gesetz ist der Bedienungszuschlag immer inbegriffen, ein zusätzliches Trinkgeld, das man üblicherweise auf dem Teller zurückläßt, wird aber erwartet.

Vereinigung der Reiseleiter und Übersetzer

Wer Korsika mit einem Reiseleiter kennenlernen möchte oder einen Übersetzter benötigt, kann sich an folgende Adressen wenden:
Association Giru, Guides Interpretes, 13, rue Pont d'Ettu, F-20200 Bastia, ☎ 04 95 36 26 98, ☏ 04 95 32 16 90;
Associaton Dialogues, Les Roches, 9, av. Impératrice-Eugénie, F-20000 Ajaccio, ☎ 04 95 51 02 72, ☏ 04 95 51 02 66.

Zeit

Von Ende März bis Ende Oktober gilt die Sommerzeit (MEZ + 1 Std.).

Zeitungen

Es gibt zwei Tageszeitungen, „Corse Matin" und „La Corse", beides Ausgaben französischer Zeitungen mit Lokalbeilagen. Die einzige rein korsische Zeitung ist die „KYRN", die monatlich erscheint. Deutschsprachige Zeitungen und Zeitschriften gibt es in der Urlaubssaison in fast jeder *maison de la presse* (Zeitschriftenladen) der größeren Städte wie auch der Touristenorte, manchmal mit einem Tag Verspätung.

Zollbestimmungen

Reisende aus europäischen Ländern müssen seit der Öffnung der Grenzen innerhalb des Gemeinsamen Marktes bei Waren für den persönlichen (!) Bedarf keine Ein- und Ausfuhrbeschränkungen mehr berücksichtigen. Als Richtlinie gilt z. B.: 800 Zigaretten, 10 l Spirituosen pro Person ab 17 Jahren. Für Schweizer sind 1 l Spirituosen, 2 l Wein, 200 Zigaretten oder 250 g Tabak, 500 g Kaffee und Geschenke bis zu einem Gegenwert von 300 FF bei der Einreise zollfrei. Schweizer dürfen bei der Wiedereinreise ins Heimatland pro Person über 17 Jahre Geschenke bis zum Gesamtwert von 200 sfr, 200 Zigaretten oder 50 Zigarren oder 250 g Tabak, 1 l Spirituosen und 2 l Likör/Wein zollfrei einführen.

Register

Orts- und Sachregister

Ajaccio 17, 21, 22, 38 ff.
- Cathédrale Notre-Dame-de-la-Miséricorde 40
- Maison Bonaparte 41
- Musée Napoléonien 38
- Palais Fesch 41
- Place Général-de-Gaulle 39
- Place Maréchal-Forch 38
- Square César-Campinchi 39

Aléra 82
Alesani 59
Alesani Stausee 59
Algajola 21, 85, 87, 88
Alignement de Palagghiu 69
Alignement de Renagui 68
Alignement de Stantari 68
Aregna 86
Argentalla 73
Asco 77
Asco-Tal 76
Avapessa 84

Balagne 50, 84, 88
Bastia 16, 21, 22, 23, 34 ff., 87
- Citadelle 35
- Eglise de l'Immaculée Conception 34
- Eglise Saint-Jean-Baptiste 34
- Eglise Saint-Roch 34
- Eglise Sainte-Marie 35
- Oratoire de la Sainte-Croix 35
- Vieux Port 35

Belgodère 85
Bevölkerung 12
Bocognano 74
Bonifacio 16, 20, 21, 22, 44 ff.
- Aquarium 44
- Bastion de l'Etandard 45
- Eglise Saint-Dominique 46
- Eglise Saint-Jean-Baptiste 46
- Eglise Sainte-Marie Majeure 46
- Escalier du Roi d'Aragon 46
- Montée Rastello 44
- Porte de Gênes 45
- Quai Comparetti 44

Borgo Biguglia 77
Bozio 82
Bustanico 82

Calacuccia 78
Calcatoggio 70
Caldarella 69
Calenzana 22, 85
Calvi 16, 21, 22, 23, 48 ff.
- Citadelle 49
- Eglise Saint-Jean-Baptiste 49
- Eglise Sainte-Marie-Majeure 50
- Oratoire de la Confrèrie Saint-Antoine 49
- Tour du Sel 50

Campana 58
Campodonico 58
Canari 54
Capitello 81
Carcheto 59
Cargèse 71
Casa Milelli 22
Casamaccioli 22, 78
Casmozza 77
Castagniccia 56
Castellu d'Arraghju 63
Castellu di Cucuruzzu 66
Catenacciu 22, 67, 68
Centuri-Port 54
Cervione 60
Cianucciu 69
Cinarca 70
Col de Bavella 62
Col de Larone 62
Col de Teghime 55
Col de Vergio 78
Corniche de la Balagne 84
Corte 22, 79
Couvent d'Orezza 58

Désert des Agriates 84, 90
Dolmen 16, 20, 21, 68
Dominicacci 80

Erbalunga 22, 52
Etang d'Urbino 61
Etang de Diane 61
Evisa 78, 87

Fango-Tal 73
Feliceto 84
Filitosa 21, 64
Fontanaccia 68
Forêt d'Altone 78

Forêt de Bavella 62
Forêt de Valdu-Niellu 78
Fozzano 66

Galéria 73
Ghisonaccia 61
Girolata 73
Golfe de Porto 72
Gorges de la Spelunca 78
Grotte du Sdragonato 47

Haut-Asco 77

Iles Sanguinaires 42

Johannistag 22

Kastanie 11, 24, 56, 57, 60, 74, 78
Klima 8
Kork 61, 62, 63
Korsische Dolomiten 61

L'Ile Rousse 85, 87, 88
L'Ospêdale 62
La Canonica 20, 56
La Porta 57
La Scandola, Naturschutzgebiet
Lage 8
Lama 90
Landschaft 8
Lavasina 22, 52
Les Calanche 72
Levie 66
Loreto-di-Casinca 57
Lozari 22, 90
Lozzi 79
Lumio 84
Luri 22

Macinaggio 53
Malerei 22
Marine d'Albo 54
Megalithkultur 21, 64, 68, 78
Melo 81
Menhire 16, 20, 21, 55, 64, 65, 66, 68, 69, 74
Miomo 52
Montagne di Cagna 69
Monte Cinto 78
Monte Grosso 86
Monte Rotondo 82
Monte Stella 52
Montemaggiore 22, 86
Moriani-Plage 60
Morosaglia 58
Moulin Mattei 54
Murato 36
Muro 84

REGISTER

Musée Jérôme Carcopino 82
Musik 23, 86
Myrte 10, 11

Nationale Befreiungsfront Korsika (FLNC) 17, 18
Natur 10
Nebbio 36
Nonza 54
Novella 90

Omo di Cagna 69
Orezza 58
Ostriconi-Tal 90

Palasca 90
Parc Naturel Régional de la Corse 28, 33, 73
Patrimonio 22, 25, 55, 91
Penta-di-Casinca 57
Piana 72
Pianotolli 69
Piedicroce 59
Pietralba 90
Pigna 22, 23
Pino 54
Politik 15
Pont de Chiuni 72
Pont du Vecchio 76
Ponte Leccia 76
Ponte Nuovo 16, 58, 77
Porticcio 64
Porto 22, 72
Porto-Vecchio 21, 22, 62
Pozzo 52
Propriano 22, 65
Prunete 61

Reisezeit 8
Renno 22
Restonica-Tal 81
Rocher du Lion 69
Rogliano 53

Sagone 70
Saint-Florent 20, 90
San Michele bei Murato 36
San Quilicu 82

Sant'Antonio 86
Santa-Maria-Assunta 20, 56
Sartène 14, 22, 67, 87
Sartenais 64
Scala di Santa Regina 79
Scandola 73
Schafe 76
Sermano 82
Sisco 53
Solenzara 61
Speloncato 84
Staat 15
Stantari 68

Tavagna 22
Tavera 74
Tiuccia 70
Tizzano 68
Torre 16, 20, 21, 63
Tour de Losse 53
Tour de Sénèque 54

Umwelt 10
Urtaca 90

Valle d'Alesani 22
Vendetta 14, 23, 66
Vescovato 56
Vezzani 22
Vico 87

Wandern 28
Wein 24, 25, 55, 60, 61, 91

Zonza 62

Personenregister

Bonaparte, Napoleon s. Napoleon Bonaparte
Bonelli, Antoine 74
Bonelli, Jacques 74
Bonifacio, Graf 16, 44

Carabelli, Colomba 66
Cesari, Charles-Antoine 21
Corso, Sampiero 17, 38, 48, 80

Corso, Vannina 80

De Leca y Colona y Magnara y Vincentello, Miguel 86
De Thermes, Marschall 38
Diokletian, Kaiser 55

Eiffel, Gustave 74, 76

Fesch, Kardinal 41
Florentinus, hl. 91

Gaffori, Faustine 80
Gaffori, Gianpetra 58
Gaffori, Jean-Pierre 80

Heinrich II. 16, 80
Huguenin, Victor 80

Innozenz II., Papst 16

Johannes Chrysostomos, hl. 53
Julia, hl. 55

Karl V. 44, 46
Karl VI. 59
Kolumbus, Christoph 50

Lomellini, Leonello 34

Mérimée, Prosper 66, 67
Napoleon Bonaparte 11, 15, 16, 34, 38, 39, 40, 41, 42, 46, 54, 60, 80
Nelson, Horatio 49

Ovid 10

Paoli, Ghiacinto 16
Paoli, Pasquale 16, 17, 48, 53, 54, 57, 58, 60, 77, 79, 80, 88
Pius VII, Papst 40

Savelli, Kardinal 85
Seneca 54

Theodor I., König 16, 59, 60
Torreaner 16, 21, 63, 64, 66

Zurbarán, Francisco de 58

Bildnachweis

Archiv für Kunst und Geschichte, Berlin: 17/1. Christoph Berg/Montanus: 81/1. Wolf Brannasky: 19. Donatus Fuchs/Montanus: 7/1, 9, 29/3, 33/3, 61/2, 69/3. Herbert Hartmann: 7/2-3, 11/4, 13/1-2, 21, 27/1, 29/2, 31/1, 39, 41, 87/2. Ladislav Janicek/Bildarchiv Steffens: 31/3, 65/2, 73/1+3, 79/3. Volkmar Janicke: 49/1, 55, 61/1, 65/1. Dorothee Kern: 29/1. Jörg Reuther: 1, 11/1, 15/2-3, 17/3, 23/1, 25, 27/2, 31/2, 33/1, 43, 45/1, 47/2-3, 53/2-3, 59/1+3, 61/3, 63/1, 67/1-2, 69/1, 71/2-3, 77, 79/1, 85/1, 87/1, 91/2-3. Alphons Schauseil: 11/2-3, 13/3, 15/1, 17/2, 23/2-3, 27/2, 33/2, 35/1, 37, 45/2, 47/1, 51, 53/1, 57/1-2, 59/2, 63/2, 65/3, 67/3, 69/2, 71/1, 73/3, 75, 79/2, 81/2-3, 85/2-3, 87/3, 89, 91/1+4, Umschlag (Bild). Superbild/Bernd Ducke: Umschlag (Flagge).

Langenscheidt Mini-Dolmetscher

Allgemeines

Guten Tag	Bonjour [bo**sehur**]
Hallo!	Salut! [ßa**lü**]
Wie geht's?	Ça va? [ßa **wa**]
Danke, gut.	Bien, merci. [bjē **mär**ßi]
Ich heiße ...	Je m'appelle ... [sehö ma**päll**]
Auf Wiedersehen.	Au revoir. [o röw**oar**]
Morgen	matin [matē]
Nachmittag	après-midi [aprämi**di**]
Abend	soir [ßoar]
Nacht	nuit [nüi]
morgen	demain [dömē]
heute	aujourd'hui [o**sehu**r**dü**i]
gestern	hier [jär]
Sprechen Sie Deutsch?	Vous parlez allemand? [wu par**le** al**mã**]
Wie bitte?	Pardon? [par**dõ**]
Ich verstehe nicht.	Je ne comprends pas. [sehö nö kõp**rã** pa]
Sagen Sie es bitte nochmals.	Vous pourriez répéter, s'il vous plaît? [wu pur**je** repe**te** ßil wu **plä**]
..., bitte.	..., s'il vous plaît. [ßil wu **plä**]
danke	merci [**mär**ßi]
Keine Ursache.	De rien. [dö **rjē**]
was / wer / welcher	quoi / qui / quel [koa / ki / käll]
wo / wohin	où [u]
wie / wieviel	comment / combien [ko**mã** / kõ**bjē**]
wann / wie lange	quand / combien de temps [kã / kõ**bjē** dö **tã**]
warum	pourquoi [pur**koa**]
Wie heißt das?	Comment ça s'appelle? [ko**mã** ßa ßa**päll**]
Wo ist ...?	Où est ...? [u **ä**]
Können Sie mir helfen?	Vous pouvez m'aider? [wu pu**we** mä**de**]
ja	oui [ui]
nein	non [nõ]
Entschuldigen Sie.	Excusez-moi. [äks**kü**se **moa**]
Das macht nichts.	Ça ne fait rien. [ßa nö fä **rjē**]

Sightseeing

Gibt es hier eine Touristeninformation?	Est-ce qu'il y a une information touristique ici? [äs**ki**lja ün ẽforma**ßjõ** turis**tik** i**ßi**]
Haben Sie einen Stadtplan/ein Hotelverzeichnis?	Vous avez un plan de la ville / une liste des hôtels? [wus a**we** ē **plã** dö la **wil** / ün list des o**täll**]
Wann ist das Museum / die Kirche / die Ausstellung geöffnet?	Quelles sont les heures d'ouverture du musée / de l'église / de l'exposition? [käl **ßõ** les**ör** duwär**tür** dü mü**se** / dö le**glihs** / dö läkspo**si**ß**jõ**]
geschlossen	fermé [fär**me**]

Shopping

Wo gibt es ...?	Où est-ce qu'il y a ...? [u äs**kil**ja]
Wieviel kostet das?	Ça coûte combien? [ßa kut kõ**bjē**]
Das ist zu teuer.	C'est trop cher. [ßä tro **schär**]
Das gefällt mir (nicht).	Ça me plaît. / Ça ne me plaît pas. [ßa mö **plä** / ßa nö mö plä **pa**]
Gibt es das in einer anderen Farbe / Größe?	Ça existe dans une autre couleur / taille? [ßa äk**sist** däs ün ot**rö** ku**lör** / taj]
Ich nehme es.	Je le prends. [sehö lö **prã**]
Wo gibt es hier eine Bank?	Où est-ce qu'il y a une banque ici? [u äs**kil**ja ün bäk i**ßi**]
Ich suche einen Geldautomaten.	Je cherche une billetterie. [sehö **schärsch** ün bijätö**ri**]
Geben sie mir 100 g Käse / zwei Kilo Pfirsiche.	Donnez-moi cent grammes de fromage / deux kilos de pêches. [do**ne** moa ßã gram dö fro**masch** / döh kilo dö päsch]
Haben Sie deutsche Zeitungen?	Vous avez des journaux allemands? [wus a**we** de sehur**no** al**mã**]
Wo kann ich telefonieren / eine Telefonkarte kaufen?	Où est-ce que je peux téléphoner / acheter une télécarte? [u äs**kö** sehö pöh telefo**ne** asch**te** ün tele**kart**]

Notfälle

Ich brauche einen Arzt / Zahnarzt.	J'ai besoin d'un médecin / dentiste. [sehe bö**soē** dẽ med**sē** / dä**tist**]
Rufen Sie bitte einen Krankenwagen / die Polizei.	Appelez une ambulance / la police, s'il vous plaît. [ap**le** ün äbü**läs** / la po**lis** ßil wu **plä**]

Wir hatten einen Unfall.	On a eu un accident. [õ_na ü ēn_akßidā]		
Wo ist das nächste Polizeirevier?	Où est le poste de police le plus proche? [u ä le post dö polis lö plü **prosch**]		
Ich bin bestohlen worden.	On m'a volé. [õ_ma wo**le**]		
Mein Auto ist aufgebrochen worden.	On a fracturé ma voiture. [õn_a frakt**ü**re ma woat**ür**]		

Essen und Trinken

Die Speisekarte, bitte.	La carte, s'il vous plaît. [la **kart** ßil wu **plä**]
Brot	pain [pē]
Kaffee	café [ka**fe**]
Tee	thé [te]
mit Milch / Zucker	au lait / sucre [o lä / **ßü**krə]
Orangensaft	jus d'orange [schü dor**äsch**]
Suppe	soupe [ßup]
Fisch / Meeresfrüchte	poisson / fruits de mer [poassō / früi dö **mär**]
Fleisch / Geflügel	viande / volaille [w**jäd** / wol**aj**]
Beilage	garniture [garnit**ür**]
vegetarische Gerichte	cuisine végétarienne [küisin weschetar**jänn**]
Eier	œufs [öh]
Salat	salade [ß**alad**]
Dessert	dessert [dess**är**]
Obst	fruits [früi]
Eis	glace [glass]
Wein	vin [wē]
weiß / rot / rosé	blanc / rouge / rosé [blā / rusch / rose]
Bier	bière [bj**är**]
Aperitif	apéritif [aperit**if**]
Wasser	eau [o]
Mineralwasser	eau minérale [o miner**al**]
mit / ohne Kohlensäure	gazeuse / non gazeuse [gas**ös** / nõ gas**ös**]
Limonade	limonade [limon**ad**]
Frühstück	petit déjeuner [pöti desch**öne**]
Mittagessen	déjeuner [desch**öne**]
Abendessen	dîner [di**ne**]
eine Kleinigkeit	un petit quelque chose [ē pöti källkə **schohs**]
Ich möchte bezahlen.	L'addition, s'il vous plaît. [ladißj**ō** ßil wu **plä**]
Es war sehr gut / nicht so gut.	C'était très bon. / Ce n'était pas si bon. [ßet**ā** trä b**ō** / ßö net**ā** pa ßi b**ō**]

Im Hotel

Ich suche ein gutes / nicht zu teures Hotel.	Je cherche un bon hôtel / un hôtel pas trop cher. [sch**ö** schärsch ē bōn_ot**äll** / ēn_ot**äll** pa tro **schär**]
Ich habe ein Zimmer reserviert.	J'ai réservé une chambre. [sche res**är**we ün **schäbr**]
Ich suche ein Zimmer für ... Personen.	Je cherche une chambre pour ... personnes. [sch**ö** schärsch ün schäbr pur ... pär**ßonn**]
Mit Dusche und Toilette.	Avec douche et toilette. [aw**äk** dusch e toal**ätt**]
Mit Balkon / Blick aufs Meer.	Avec balcon / vue sur la mer. [aw**äk** balk**ō** / wü ßür la **mär**]
Wieviel kostet das Zimmer pro Nacht?	Quel est le prix de la chambre par nuit? [käll_ä lö pri dö la schäbr par **nüi**]
Mit Frühstück?	Avec petit déjeuner? [aw**äk** pöti desch**öne**]
Kann ich das Zimmer sehen?	Est-ce que je peux voir la chambre? [äskö sch**ö** pöh woar la **schäbr**]
Haben Sie ein anderes Zimmer?	Est-ce que vous avez une autre chambre? [äskö wus_awe ün otrə **schäbr**]
Das Zimmer gefällt mir (nicht).	La chambre me plaît / ne me plaît pas. [la schäbr mö **plä** / nö mö plä **pa**]
Kann ich mit Kreditkarte bezahlen?	Est-ce que je peux payer avec une carte de crédit? [äskö sch**ö** pöh päje aw**äk** ün kart dö kred**i**]
Wo kann ich parken?	Où est-ce que je peux laisser ma voiture? [u äskö sch**ö** pöh lässe ma woat**ür**]
Können Sie das Gepäck in mein Zimmer bringen?	Pourriez-vous apporter mes bagages dans la chambre? [purje wu aporte me ba**gasch** dā la **schäbr**]
Haben Sie einen Platz für ein Zelt / einen Wohnwagen / ein Wohnmobil?	Vous avez de la place pour une tente / une caravane / un camping-car? [wus_awe dö la plass pur ün **tät** / ün karawan / ē käping**kar**]
Wir brauchen Strom / Wasser.	On a besoin de courant / d'eau. [ōn_a bösoē dö kur**ā** / do]